LIZ GREENE

# Dreiecksbeziehungen

*Standardwerke der Astrologie*

LIZ GREENE

# Dreiecks-beziehungen

## Astrologie in Beziehungskonflikten

*Aus dem Englischen übersetzt von Rolf Schanzenbach*

CHIRON VERLAG

Das Seminar wurde abgehalten am 15. März 1998 am Regents College in London im Rahmen das Seminarangebots für das Frühlingssemester des *Centre for Psychological Anstrology.*

Deutsche Erstausgabe
Aus dem Englischen von Rolf Schanzenbach


Umschlag: Walter Schneider
Umschlagfoto © Mauritius
Druck: Offizin Chr. Scheufele, Stuttgart

Merhaba Jolanda

Zu beziehen durch den Buchhandel oder direkt beim
Chiron Verlag, Postfach 1250, D-72002 Tübingen
www.chironverlag.com

ISBN 3-925100-65-2

# Inhalt

# Die Universalität von Dreiecksbeziehungen

Es hat den Anschein, dass Dreiecksbeziehungen ein archetypisches Muster des menschlichen Lebens darstellen. Auf die eine oder andere Weise haben wir mit ihnen zu tun. Für gewöhnlich kommen wir mit ihnen nicht gut zurecht. Das mag verständlich sein, weil Dreiecksbeziehungen sehr schmerzhafte Emotionen hervorrufen können, unabhängig davon, an welchem Punkt des Dreiecks man sich befindet. Sie konfrontieren uns möglicherweise mit dem Gefühl der Eifersucht, der Demütigung oder des Betrogenwerdens. Vielleicht müssen wir uns damit auseinander setzen, ein Betrüger und Lügner zu sein oder jemanden verletzt zu haben. Vielleicht fühlen wir auch all das auf einmal oder sind der Ansicht, versagt zu haben. Die Emotionen, die mit einer Dreiecksbeziehung einhergehen, können außerordentlich quälend sein und das Selbstwertgefühl zerstören.

Weil wir mit sehr problematischen Gefühlen konfrontiert werden, versuchen wir häufig, jemand anderem die Schuld dafür zu geben, dass es in unserem Leben zu einer Dreiecksbeziehung gekommen ist. Möglicherweise suchen wir einen Sündenbock, vielleicht geben wir uns selbst die Schuld dafür. Unabhängig davon haben Dreiecksverhältnisse eine archetypische Dimension. Wenn wir uns über deren universelle Natur noch nicht im Klaren sind, müssen wir uns nur mit den Mythen beschäftigen, nicht zu vergessen die Literatur der letzten 3000 Jahre. Irgendetwas Archetypisches konfrontiert uns mit einer Welt von sinnhaften Mustern und zielgerichteten innerlichen

Entwicklungen. Dreiecksbeziehungen sind eines der stärksten Mittel zu Transformation und Wachstum, wie unbequem und schmerzhaft sie auch sein mögen. Die Erfahrung des Betrugs verändert den Betreffenden auf eine Weise, die ungeheuer wertvoll sein kann – ganz egal, ob man der Betrogene ist oder der Betrüger.

Wegen unserer Probleme mit Dreiecksbeziehungen hielt ich es für lohnenswert zu untersuchen, ob es ein bestimmtes Horoskop-Muster gibt, das auf eine Dreiecks-Tendenz schließen lässt. Ebenfalls interessant finde ich die Frage, welche – vielleicht unbewussten – Gründe den Menschen zu einer Dreiecksbeziehung treiben können. Dann gibt es da den heiklen Punkt, warum einige Menschen eher als andere in derartige Verhältnisse verwickelt sind. Manche Leute scheinen geradezu von einer Dreierbeziehung in die nächste zu stolpern, von Zwängen getrieben, ohne bewusste Entscheidung. Ich würde weiterhin gern untersuchen, welche Herangehensweisen uns einen kreativeren Umgang mit Dreiecksbeziehungen ermöglichen, eingeschlossen die psychologische und die symbolische Betrachtungsweise. Diese Erkundungen werden unweigerlich ein weites Feld extrem heikler Sachverhalte erkennen lassen. Es würde mich deshalb nicht überraschen, wenn am Nachmittag niemand sein Horoskop für die Diskussion zur Verfügung stellen will.

## *Sexuelle Dreiecksbeziehungen im Erwachsenenalter*

Es gibt die verschiedensten Formen von Dreiecksbeziehungen, nicht nur die sexuelle unter Erwachsenen. Und selbst wenn wir uns auf sexuelle Dreiecke beschränkten, würden sehr unterschiedliche Ausprägungen zutage treten. Sexuelle Verhältnisse bestehen nicht immer aus dem dramatischen Stoff à la Artus, Lanzelot und Ginevra. Es gibt Liebes-Dreiecke, bei denen alle drei Punkte fix sind: Jemand aus der Beziehung ist mit einer dritten Person zusammen, und zwischen den dreien bewegt sich nichts. Diese Dreierbeziehung ist statisch und kann für viele Jahre, vielleicht bis zum Tod eines der Beteiligten, Bestand haben. Es gibt andere Verhältnisse, bei denen sich ständig etwas verändert. Denkbar ist auch, ständig mit anderen Partnern Ehebruch zu begehen anstatt immer mit dem gleichen. Alle diese Situationen stellen Dreiecksbeziehungen dar, auch wenn wir manche moralisch akzeptabler finden mögen als andere. Alle aber können das gleiche Spektrum von Gefühlen hervorrufen.

## *Andere Dreiecksbeziehungen*

Neben den sexuellen Dreiecksbeziehungen unter Erwachsenen, die eine Verwicklung der Beteiligten in sämtlichen geschlechtlichen Kombinationen beinhalten, gibt es viele weitere Verhältnisse. Die Beziehung zwischen Eltern und Kind bildet die Ausgangslage. Es gibt Dreiecksbeziehungen mit Freunden oder mit einem nicht menschlichen Faktor, wenn sich der Partner womöglich durch die Hingabe des anderen an die Arbeit oder eine künstlerische Aktivität oder spirituelle Bestrebung betrogen fühlt. Diese Art von Dreierbeziehung kann die gleichen Gefühle hervorrufen wie die sexuelle. Jeder von Ihnen, der kreativ tätig ist, weiß: Zieht man sich in den kreativen Bereich zurück, lässt man den Partner allein, was zu großer Unsicherheit führen kann. Der kreative Prozess ist ein Akt der Liebe, weshalb der Überlieferung nach das 5. Haus über beides herrscht. Wenn man seine Arbeit liebt, kann dies Eifersucht hervorrufen.

Selbst mit Tieren kann es Dreiecksbeziehungen geben. Vielleicht halten Sie das für komisch – möglicherweise aber spürt jemand Eifersucht oder fühlt sich verletzt oder zurückgewiesen angesichts der tiefen Zuneigung des Partners zu einer Katze oder einem Hund. All diese verschiedenen Arten von Dreiecken mögen auf den ersten Blick keinen Zusammenhang aufweisen. Was sie aber gemeinsam haben, ist Folgendes: Die

Komponente der Liebe ist nicht mehr auf zwei Parteien beschränkt. Und wenn wir die Liebe einer Person mit jemand anderem oder sogar etwas Ungreifbarem wie der Fantasie teilen müssen, mögen wir uns hintergangen und betrogen fühlen oder glauben, dass uns etwas geraubt wurde.

Ich möchte als Erstes über die verschiedenen Arten von Dreiecksbeziehungen reden, an denen wir vielleicht selbst beteiligt sind und deren psychologische Dynamiken untersuchen. Wir wollen dabei denkbare astrologische Zusammenhänge erforschen und – wenn wir Zeit dafür finden – mythologisches Material heranziehen, das die Wirkungsweise der verschiedenen Beziehungen erhellt. Danach sollten wir uns die Frage stellen, wie man mit Dreiecksbeziehungen und den typischen unbewussten, primitiven Reaktionen darauf anders umgehen könnte. Das Ziel bei all dem ist, psychologisch wie astrologisch die tiefere Bedeutung zu erkennen, die hinter Dreiecksbeziehungen steckt und zu verstehen, warum sie möglicherweise Bestandteil unseres Lebens geworden ist.

Ich glaube nicht, dass irgendetwas in unser Leben tritt, das nicht in der einen oder anderen Weise zu unserer persönlichen Reise gehört. Das hat nichts mit Schuld oder dem Ursache-Wirkung-Prinzip zu tun; es geht um die tiefere Bedeutung, die transformativ sein kann für denjenigen, der darauf vorbereitet ist. Wie schmerzhaft es auch sein mag – wenn sich in unserem Leben eine Dreiecksbeziehung manifestiert, so hat dies seinen Grund. Wir können die Entscheidung treffen, darauf mit Wut, Selbstmitleid, Bitterkeit oder rationalen Erwägungen zu reagieren. Vielleicht entschließen wir uns, jemand anderen für die Situation verantwortlich zu machen. Wir können uns aber auch entschließen, die Dreiecksbeziehung als Ausgangspunkt für eine aufrichtige Prüfung unserer selbst zu nutzen. Das ist sehr schwierig, weil die Erfahrung der Demütigung für gewöhnlich alle möglichen kindlichen Verteidigungsmechanismen auferstehen lässt. Es fordert sehr viel, über diese ursprüngliche Reaktionsweise hinaus eine umfassendere Perspektive zu entwickeln.

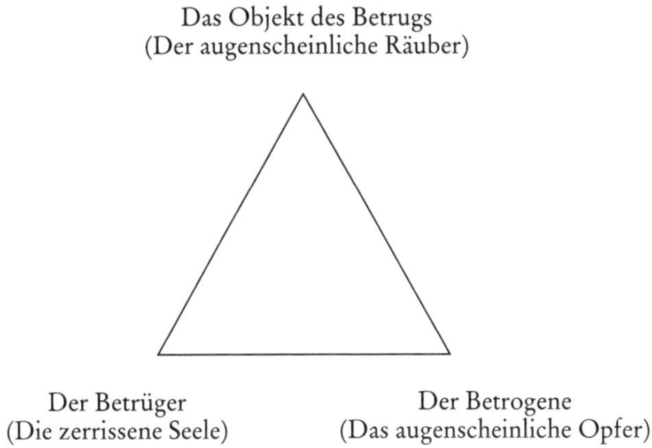


*Abbildung 1: Die Eckpunkte der Dreiecksbeziehung*

## *Der Betrüger, der Betrogene und das Objekt des Betrugs*

Hier sehen Sie eine kleine Skizze, mit der wir anfangen wollen. Ich möchte die astrologischen Signifikatoren zunächst ausklammern; zweifellos werden Ihnen im weiteren Verlauf des Seminars verschiedene Verbindungen dazu einfallen. Es handelt sich um eine sehr vereinfachte Darstellung der drei Punkte der Dreiecksbeziehung. Manche Menschen finden sich in ihrem Leben nur an einem Punkt davon wieder, andere machen alle drei Erfahrungen durch.

Der Betrüger ist die Person, die dem Augenschein nach die Entscheidung trifft, die zum Dreieck führt. Ich benutze das Wort Augenschein, weil häufig unbewusste Leidenschaft eine größere Rolle spielt als die bewusste Wahl; außerdem kann man nicht wissen, ob ein geheimes Einvernehmen zwischen Betrüger und Betrogenem besteht. Was immer unter der Oberfläche am Werk sein mag – der Betrüger ist eine zerrissene Seele. Er liebt und fühlt eine leidenschaftliche Anziehung; er hat das Bedürfnis nach zwei verschiedenen Menschen. Die meisten von uns neigen zu der Auffassung, dass Liebe etwas Ausschließliches sein sollte, auch wenn wir uns von unserem Bewusstsein her freizügiger äußern mögen. Aufgrund der Werte unseres jüdisch-christlichen Erbes wurden wir in dem Glauben erzogen, dass Liebe diesen Namen dann nicht verdient, wenn sie auf mehr als nur eine Person gerichtet ist – was grundsätzlich als »schlecht« sowie als Verfehlung eingestuft und mit Selbstsucht und Gefühllosigkeit gleichgesetzt wird. Diese Art von innerlicher Aufspaltung kann schwer zu ertragen sein. Es liegt für den Betrüger nahe, seinen Betrug auf die verschiedensten Weisen zu rechtfertigen. Man hört kaum je einen Betrüger sagen: »Ich bin gespalten. Ich fühle mich hin und her gerissen.« Viel verbreiteter dagegen ist folgender Standpunkt: »Mein Partner/meine Partnerin behandelt mich schlecht. Er/Sie gibt mir nicht genug Sex, Geld, Aufmerksamkeit, Kinder, warme Mahlzeiten. Ich bin unglücklich. Insofern habe ich das Recht, mich nach jemand anderem umzuschauen.«

Am nächsten Punkt des Dreiecks sehen wir den Betrogenen, dem Augenschein nach das unfreiwillige Opfer der Unfähigkeit des Betrügers, seine Liebe auf eine Person zu beschränken. Ich verwende wiederum das Wort Augenschein, weil auch hier unbewusst ein geheimes Einvernehmen bestehen mag. Sie werden später noch sehen, dass alle drei Punkte des Dreiecks austauschbar sind, sie unterscheiden sich nicht so sehr, wie man zunächst denken sollte. Der Betrogene hält sich im Allgemeinen für treu und den oder die andere für untreu – weil es jemand anderes war, der die Dreiecksbeziehung erschaffen hat. Für gewöhnlich sind wir der Ansicht, dass der Betrogene es am schwersten hat, weil er derjenige ist, der normalerweise Wut und Eifersucht empfindet und Gefühle der Demütigung erlebt.

Schließlich gibt es am dritten Punkt des Dreiecks das Objekt des Betrugs. Diese Person tritt zu einer zwischen zwei Menschen existierenden Beziehung hinzu und droht sie zu verändern oder zu zerstören. Dieser Part hat für gewöhnlich eine schlechte Presse, er gilt als »Räuber«, der jemandem den geliebten Besitz wegnimmt. Wenn wir es sind, die diesen Punkt besetzen, dürfen wir nicht auf viel Mitgefühl rechnen. Und garantiert nicht aus der bestehenden Beziehung, die ihre Zukunft bedroht sieht. Das Objekt des Betrugs könnte aber das Gefühl haben, seinerseits Opfer zu sein und den Betrogenen als Räuber sehen. Auf diese Weise können wir einen ersten Eindruck von der verborgenen Beziehung zwischen diesen beiden Dreieckspunkten erhalten.

Es gibt Menschen, die sich um dieses Dreieck herum bewegen und während ihres Lebens alle drei Punkte einnehmen, manchmal sogar immer wieder aufs Neue. Es gibt andere Leute, die nur eine Position bekleiden und niemals wechseln, sondern immer nur den oder die Betrogene oder den Betrüger oder die Betrügerin darstellen. Oder man ist auf das Objekt des Betrugs festgelegt und zieht fortwährend Menschen an, die bereits gebunden sind. Das ist einer der Sachverhalte, die ich später noch erörtern möchte. Ich möchte Sie bitten, aus Ihrer Erfahrung heraus für sich zu entscheiden, welchen Punkt Sie favorisieren – wenn dies denn das richtige Wort ist. Haben Sie sich um das Dreieck herum bewegt, oder sind Sie an einem Punkt hängen geblieben? Und haben Sie bestimmte moralische Auffassungen zu den verschiedenen Rollen?

## *Die verschiedenen Arten von Dreiecksbeziehungen*

Ich würde gern vier verschiedene Gruppen von Dreiecksbeziehungen untersuchen. Diese Einteilung ist natürlich sehr willkürlich. Wir können an die verschiedenen Arten der Dreiecksbeziehung von den verschiedensten Perspektiven aus herangehen. Ich habe mein Bestes getan, um dieser Masse von emotionsbeladenem und vielschichtigem Material eine erste Struktur zu geben. Im Endeffekt aber stellen diese vier Dreiecksbeziehungen – wie Flüsse, die alle ins gleiche Meer strömen – Verhältnisse dar, die eines gemeinsam haben: Sie spiegeln ungelebtes psychisches Leben wider. Das Dreieck, das uns damit zuerst konfrontiert, ist das der Familie, mit dem wir beginnen wollen.

Natürlich könnten wir vom inspirierenden Freudschen Konzept des ödipalen Konfliktes aus beginnen. Von nahem betrachtet, ist es aber nicht das, was es zu sein scheint. Familiäre Dreiecke haben Auswirkungen, die sich über das ganze Leben erstrecken; sie sind nicht auf die Kindheit beschränkt. Wenn sie nicht bewältigt werden, wirken sie weiter, auch in den Beziehungen im Erwachsenenalter. Der Mensch, der es als Erwachsener mit einem sich wiederholenden Dreiecksmuster zu tun hat, könnte unter einem unbewältigten Familien-Dreieck leiden. Weil es unbewältigt blieb, erschafft er es neu, einmal oder viele Male, im tiefsten Inneren hoffend, irgendwann Heilung zu finden. Wir müssen uns mit dem Familien-Dreieck intensiver beschäftigen, weil es so fundamental und zwanghaft ist.

In der Grafik sind daneben Schutz- und Macht-Dreiecke aufgeführt. Diese Dreiecke ähneln dem familiären, wenngleich es astrologisch bedeutsame Unterschiede gibt, worauf wir später noch zu sprechen kommen werden. Diese beiden Muster haben ihre ganz besondere Ausprägung. Wenn sie in Erscheinung treten, muss das nicht nur am familiären Hintergrund liegen.

Mit »Schutz-Dreieck« meine ich zum Beispiel einen Mann oder eine Frau, der oder die aus dem Gefühl der Unterlegenheit oder Minderwertigkeit heraus neben der bestehenden Partnerschaft eine weitere Beziehung braucht. Ein solcher Mensch leidet womöglich unter großer Unsicherheit und Verletzlichkeit und hat Angst vor Zurückweisung. Setzte er emotional alles auf eine Karte, könnte er bei einer Ablehnung zusammenbrechen. Zur Dreiecksbeziehung kommt es hier also unbewusst aus einem Schutzbedürfnis. Wird diese Person von einem Partner verlassen, bleibt immer noch der andere. Das ist das charakteristische Merkmal des Schutz-Dreiecks.

»Macht-Dreiecke« haben die gleiche Wurzel. Der Betrogene wird im Ungewissen gehalten; er weiß, dass es ein Objekt des Betrugs gibt, jederzeit dazu bereit, seine Stellung einzunehmen.

Wenn wir die ödipale Auseinandersetzung tatsächlich verlieren sollten – wieder liegt die Betonung auf *tatsächlich* –, resultiert daraus ebenfalls Leid. Die absolute ödipale Niederlage stellt eine Demütigung dar, die das persönliche Selbstvertrauen schwer wiegend beeinträchtigen kann. Mit absolut meine ich, dass das Kind glaubt, keinen emotionalen Kontakt zum geliebten Elternteil herstellen zu können, woraus ein starkes Gefühl des Scheiterns resultiert. Die Schuld daran hat vermeintlich der andere Elternteil – so einfach aber liegen die Dinge nicht: Häufig ist es vielmehr so, dass der Elternteil, dem die Zuneigung gilt, emotional darauf nicht positiv reagieren kann. Leider ist sich das Kind dessen nicht bewusst. Und so wird der Fehlschlag auf die eigene Person bezogen und der Rivale als umso machtvoller wahrgenommen, weil man selbst eindeutig unterlegen und scheinbar nicht liebenswert ist.

Im späteren Leben können schwere ödipale Niederlagen zu einem nagenden Gefühl der sexuellen Unzulänglichkeit führen. Sie können zu vielen destruktiven Beziehungsmustern beitragen, nicht zuletzt zu der Art von Dreieck, bei dem man sich immer wieder hoffnungslos in Menschen verliebt, die bereits gebunden sind. Man spielt fortwährend das unglückliche Objekt des Betrugs, immer wieder an der verschlossenen Tür der Verbindung klopfend. Oder man ist der Betrogene, der hilflos in der Rolle des hintergangenen Partners die ödipale Niederlage aufs Neue erlebt und abermals vom mächtigeren Rivalen gedemütigt wird. Sowohl beim eindeutigen ödipalen Sieg als auch bei der eindeutigen ödipalen Niederlage sind wir unfähig, uns psychologisch vom geliebten Elternteil abzugrenzen; ein Teil von uns kommt dann niemals über die Kindheit hinaus. In diesem Fall mögen wir in sich wiederholende Beziehungsmuster verstrickt sein, in denen wir fortwährend versuchen, die ursprüngliche Verletzung durch ein Dreieck zu »fixieren«.

Freud war der Ansicht, die beste Bewältigung des ödipalen Konfliktes bestünde für das Kind in einer sanften Niederlage, bei der es *genug* Liebe vom geliebten Elternteil bekommt, aber gezwungen ist anzuerkennen, dass es die elterliche Verbindung nicht zerstören kann. Damit könnte es lernen, Beziehungen zwischen anderen anzuerkennen und Selbstvertrauen entwickeln, indem es neue Bande knüpft, die über den magischen elterlichen Kreis hinaus reichen. Der weitere Kreis der Verwandtschaft, die Gruppe der Gleichaltrigen und Lehrer können eine wichtige Rolle für das Kind spielen, sich über das elterliche Dreieck hinaus zu entwickeln. Wir sind hier in dem Bereich dessen, was Winnicott »gut genug« nannte: die Beziehung der Eltern untereinander sowie ein Kontakt zu beiden Elternteilen, die jeweils »gut genug« sind – ausreichend Liebe und Aufgeschlossenheit angesichts der ödipalen Niederlage, in Verbindung mit einem angemessenen Sicherheitsgefühl durch die Familie.

Bei dieser grundlegenden Dreiecksbeziehung ist es wichtig, keine Angst vor Strafe durch den Vater-Rivalen haben zu müssen. Leider erleben aber viele Eltern selbst unglückliche Beziehungen, sind emotional ausgehungert oder spüren Wut in sich und bestrafen die Kinder dafür, ihnen die Liebe des Partners zu »stehlen«. Jemandem muss ja schließlich die Schuld für das Scheitern der Verbindung zugeschoben werden – häufig ist es das Kind. Wir müssen erkennen, dass wir nicht einen Elternteil ausstechen können, damit wir den anderen für uns haben; wir müssen aber auch davon ausgehen können, dass wir von dem Elternteil geliebt werden, den wir aus dem Feld schlagen wollten. Natürlich ist dies ein Ideal, das nur in wenigen Familien erreicht wird. Sehr viele Menschen haben in einem mehr oder weniger großen Maße unter einem exzessiven ödipalen Sieg oder einer verheerenden ödipalen Niederlage zu leiden. Entscheidend ist, wie wir damit umgehen und wie bewusst wir uns dessen sind. Und nichts ist so machtvoll wie die Aktivierung von Bewusstsein in einer Dreiecksbeziehung im Erwachsenenalter.

Freuds psychologische Modelle haben viele wertvolle Züge.

Es gibt eine große Anzahl von Fällen, bei denen verheerende ödipale Niederlagen oder Siege mit einer späteren Tendenz zu fortgesetzten Dreiecksbeziehungen verbunden sind. Allerdings stimme ich in bestimmten Bereichen nicht mit Freud überein. Ich glaube nicht, dass die Anziehung sich immer auf den Elternteil des anderen Geschlechts bezieht – der Junge mag sich auch von seinem Vater, das Mädchen von der Mutter angezogen fühlen. Ödipale Gefühle haben schließlich nichts »Sexuelles« im Sinne der Erwachsenen, sondern beziehen sich eher auf die emotionale Verschmelzung. So verhält es sich auch bei einigen unserer vermeintlich rein sexuellen Empfindungen im Erwachsenenalter – die Sexualität ist komplex und hat viele Ebenen, derer wir uns nicht immer bewusst sind. Ödipale Niederlagen oder Siege, die sich auf den Elternteil des gleichen Geschlechts beziehen, können ebenfalls schmerzhafte Begleiterscheinungen haben und später zu Dreiecksbeziehungen führen. Wir müssen unser Verständnis der ödipalen Dynamiken erweitern, weil sie nicht immer mit der »klassischen« heterosexuellen Zuneigung gleichzusetzen sind. Ein Junge kann seinen Vater anbeten, ihn aber deshalb nicht erreichen, weil die Mutter immer im Weg ist. Sie mag entschlossen sein, den Sohn für sich haben zu wollen, um zu verhindern, dass er sich mit dem Vater verbindet, der sie zurückgewiesen hat. Dieser Junge könnte in dem Gefühl aufwachsen, dass sein Vater nichts für ihn übrig hat. Kinder sind für gewöhnlich nicht imstande, die Machenschaften zwischen den Eltern zu durchschauen, wenngleich sie sie unweigerlich spüren. Wird ein Kind zurückgewiesen, liegt es seiner Ansicht nach an seinen persönlichen Mängeln.

Dies kann sich in der kindlichen Psyche auf viele Arten auswirken. Vielleicht führt es zur Abspaltung der eigenen Sexualität, weil der geliebte Elternteil das Modell dafür darstellt und die Verbindung zu ihm zu schwach oder zu negativ ist, um ein positives Modell zu entwickeln. Es könnte auch bedeuten, dass der Sohn sein ganzes Leben die Gunst des Vaters gewinnen will, indem er zeigt, wie männlich er ist. Er kann dann unbewusst

Dreiecksbeziehungen erschaffen, in denen es nicht um die beteiligten Frauen geht, sondern darum, andere Männer zu beeindrucken – oder für die Zurückweisung durch den Vater zu bestrafen. Die Tochter mag die Zuneigung oder Bewunderung ihrer Mutter auf ähnliche Weise gewinnen wollen oder auch dadurch, dass sie andere Frauen dafür büßen lässt, dass ihre Mutter unfähig war, sie zu lieben. Der Rivale in der Dreiecksbeziehung zwischen Erwachsenen kann für den Betreffenden insgeheim sehr viel wichtiger sein als das vermeintliche Objekt der Begierde. Wir müssen uns nur vor Augen führen, wie zwanghaft Betrogener und das Objekt des Betrugs miteinander beschäftigt sind, um zu erkennen, dass die Situation sehr viel komplexer ist, als es zunächst den Anschein hat.

## *Hilfreiche Hinweise auf ödipale Erfahrungen*

Wir wissen jetzt, dass das Horoskop eine Menge über das Elternbild und unsere Wahrnehmung der Erfahrungen mitteilt, die wir durch die Eltern gemacht haben. Wir wollen uns jetzt die heikle Diskussion ersparen, ob diese Bilder nun objektiv sind oder nicht. Woran am Horoskop könnte man ödipale Probleme festmachen? Lassen Sie uns aber Schritt für Schritt vorgehen. Häufig sieht man bei einer Dreiecksbeziehung unter Erwachsenen, dass ein elterlicher Signifikator betont ist, und zwar insofern, als dass die eigenen emotionalen Bedürfnisse und das Selbstbild als Mann oder Frau damit verknüpft sind. Vielleicht gibt es Planeten im 10. oder im 4. Haus, die nahe legen, dass der betreffende Elternteil etwas Mythisches und Archetypisches verkörpert. Keine Planeten in den Häusern zu haben, die für die Eltern stehen, bedeutet nicht, dass es keine Konflikte zwischen diesen gäbe oder kein subjektives Bild, das auf sie projiziert wird. Es fällt dann aber leichter, Vater oder Mutter als menschliches Wesen mit persönlichen Fehlern wahrzunehmen. Befinden sich Planeten in diesen Häusern, kommen die planetarischen

Gottheiten im Antlitz der Eltern zum Ausdruck, sie tragen der Eltern Kleider. Ein Teil unseres Schicksals, unserer »persönlichen Seelenreise«, wenn Sie so wollen, macht sich schon in frühen Jahren bemerkbar, verkleidet als Elternteil, der das familiäre Erbe an uns weiterreicht. Das ist nicht »schlecht« oder »negativ«, es geht hier um etwas Machtvolles, Faszinierendes und Leidenschaftliches bezüglich der Beziehung zum Elternteil, das ein größeres Ausmaß an Bewusstheit und eine größere Anstrengung hinsichtlich der Integration erfordert. Thomas Fuller schrieb einmal: »Eltern sind Muster.«

Es hat den Anschein, dass Dreiecksbeziehungen im Erwachsenenalter häufig mit Planeten in den Häusern zusammenhängen, die die Eltern symbolisieren. Sehr oft steht dabei die Venus im 4. oder 10. Haus. Der Grund dafür liegt auf der Hand. Die Venus beschreibt, was wir als schön und wertvoll erachten – und damit das, was wir lieben, in uns wie in anderen. Wenn ein Elternteil im Radix-Horoskop von der Venus angezeigt wird, stellt dieser ein Symbol dessen dar, was für uns am schönsten und wertvollsten ist. Es könnte aber auch heißen, dass wir unsere eigene Schönheit und unseren eigenen Wert auf die Mutter oder den Vater projizieren. Dann hinge viel davon ab, wie sie oder er mit einer solchen Projektion umgehen würde. Wir sehen dann womöglich sehr schöne und wertvolle Qualitäten im Elternteil und verlieben uns in ihn, weil wir in diese Attribute verliebt sind.

Es steht zu hoffen, dass der Mensch diese Projektionen integriert, wenn er heranwächst und erkennt, dass es sowohl die Eigenschaften des Elternteils als auch die eigenen sind. Dieser Prozess kann dabei helfen, eine dauerhafte, liebevolle Verbindung zwischen Kind und Vater beziehungsweise Mutter herzustellen – eine gegenseitige Wertschätzung des anderen für Qualitäten, die beiden gemein sind. Nicht alle Eltern aber sind über die möglichen Verwicklungen erhaben – und wenn ein Elternteil allzu sehr nach Liebe und Anerkennung hungert, wird er unbewusst intensiv versuchen, die Projektion aufrechtzuerhalten und für das Kind immer die Venus verkörpern wollen. Mit anderen Worten: Der ödipale Wettbewerb wird über die angemessene Frist hinaus ausgedehnt, weil der Elternteil daran interessiert ist, der Meistgeliebte und Schönste von allen zu bleiben. Die Venus ist, wie Sie wissen, in der Mythologie nicht gerade für emotionale Großherzigkeit bekannt. Sie ist eine eitle Gottheit und ständig in Dreiecksbeziehungen verstrickt. Wenn die Projektion der Venus auf unserer Mutter oder dem Vater verbleibt, mögen wir sie in uns niemals erkennen. Dann werden wir fortwährend nach einem Elternersatz suchen, auf den wir all das, was wertvoll und wünschenswert im Leben ist, projizieren können, und wir werden stets venusische Liebesobjekte finden, die so viel wertvoller zu sein scheinen als wir. Oder wir wollen selbst Venus sein, indem wir einen Liebhaber gegen den anderen ausspielen, um uns davon zu überzeugen, dass wir etwas Kostbares sind.

Teilnehmer: Ich habe ein Problem mit all dem. In meinem Horoskop steht die Venus im 4. Haus und ich kann nicht erkennen, wie das meinen Vater symbolisieren soll. Ich finde nicht allzu viel Schönes oder Kostbares an ihm. Er hat meine Mutter ziemlich schlecht behandelt und uns verlassen, als ich vier Jahre alt war. Ich habe kaum noch Kontakt zu ihm. Ich gebe zu, dass auch ich meinen Anteil an Dreiecksbeziehungen in der Liebe gehabt habe. Ich kann hier aber keine Verbindung sehen.

Liz: Ich kann verstehen, dass Sie damit ein Problem haben. Vielleicht hilft es Ihnen, wenn Sie sich klar machen, dass die Person, die jetzt am Vater nicht viel Schönes oder Wertvolles sehen kann, die »erwachsene« ist. Sie haben nun Ihre »erwachsenen« Gründe, die mit Ihrer Wut auf den Vater gerechtfertigt sein mögen. Diese Gründe haben sich über die Zeit entwickelt, sie verstärkten sich durch Ihre Wahrnehmung des Unglücks Ihrer Mutter. Dass der Vater Sie verließ, als Sie erst vier Jahre alt waren, hat wahrscheinlich sehr weh getan. Die Wahrnehmung des Elternteils, wie sie durch die Venus im 4. oder im 10. Haus zum Ausdruck kommt, ist die eines jungen Kindes. Je dichter der Planet an einer Häuserspitze steht, desto früher bildete sie sich aus. Bevor Ihr Vater Sie verließ, könnte er sehr gut Venus für Sie verkörpert haben, was die Ursache für den großen Schmerz bei seinem Verlust gewesen sein dürfte. Wie weit ist Ihre Venus vom IC entfernt?

Teilnehmer: Mein MC befindet sich auf 16° Skorpion, meine Venus auf 20° Skorpion.

Liz: Ein Abstand von vier Grad. Wenn Sie das IC in der Sekundär-Progression vorschieben, also um ein Grad pro Jahr, ereignete sich die exakte Konjunktion mit der Venus im Alter von vier Jahren – der Zeit, als Ihr Vater Sie verließ. Ihre Wahrnehmung seiner Person als venusisch hatte ihren Höhepunkt beziehungsweise ihre maximale Kraft erreicht – und in diesem Augenblick ging er. Ich will nicht darauf hinaus, dass das, was Sie über ihn sagen, »falsch« wäre. In manchen Fällen aber sind unsere Gefühle zu einer bestimmten Person sehr vielschichtig. Einiges davon mag unbewusst sein, weil es so ambivalent ist. Gleichzeitig jemanden zu lieben und zu hassen ist eine schwierige Sache für das Ego. Wie können Sie jemanden lieben, der Sie und Ihre Mutter so schlecht behandelt hat? Damit würden Sie zu einer »schlechten« Person und überdies zum Verräter an Ihrer Mutter. Sie könnten mit noch mehr Schmerz konfrontiert werden. Wenn Sie dagegen nur Verachtung oder Wut für ihn spüren, kann er Sie nie wieder verletzen.

Vielleicht denken Sie später, wenn das Seminar vorbei ist, einmal darüber nach; möglicherweise entdecken Sie, dass die emotionale Situation komplexer ist, als Sie dachten. Sie merken, dass ich Ihre Verwicklung in Dreierbeziehungen in Verbindung bringen möchte mit Ihren Gefühlen für den Vater. Diese sind wahrscheinlich tief verborgen, weil sie sehr schmerzhaft und untolerierbar für das Bewusstsein des Erwachsenen waren, der Sie nun sind. Ich sagte heute Morgen, dass wir uns auf ein gefährliches Terrain begeben, und ich will in einem derartigen Gruppenzusammenhang nicht tiefer in Ihr persönliches Leben dringen. Machen Sie sich aber hierzu noch einmal Gedanken. Möglicherweise sind Sie sich nicht über alles im Klaren, was die

Gefühle für den Vater betrifft, als Sie klein waren. Wo die Venus steht, lieben wir.

Teilnehmer: Insofern kann sogar ein Elternteil, der das Kind ablehnt, von der Venus repräsentiert sein? Könnte das bedeuten, dass es schwerer fällt, die Projektion aufzulösen?

Liz: Manchmal ist das so. Wenn der venusische Elternteil das Kind ablehnt oder sich kalt oder unzugänglich zeigt, kann es sehr schwer sein, Venus wieder auf die eigene Person zu richten, weil die Mutter oder der Vater uns unseren Wert nicht erkennen lassen. Aber auch hier kommen wir wieder auf den Punkt der Subjektivität zurück. Die Ablehnung durch einen Venus-Elternteil ist umso schmerzhafter, weil wir diesem einen besonderen Wert zumessen. Jemand, den wir lieben und dessen Liebe wir ersehnen, versagt uns das, was uns am wichtigsten ist. Das kann die Faszination »fixieren«, die dieser Elternteil auf uns hat. Manchmal ist es anders herum. Wenn sich der Elternteil eher wie ein Liebhaber denn als Mutter oder Vater zeigt, mögen wir ebenfalls unfähig sein, uns die Venus zu eigen zu machen. Die Eltern sind in der Tat eine Brücke, durch die der Bereich des Archetypischen in menschliche Begriffe übersetzt wird. Alle Eltern spielen für ihre Kinder diese Rolle – ob nun auf eine gute oder schlechte Weise –, unabhängig davon, ob die elterlichen Häuser besetzt sind oder nicht. Befindet sich aber ein Planet darin, ist er von besonderer Bedeutung, weil dann der Elternteil ein Gefäß oder die Verkörperung von etwas ganz Besonderem ist, das sich auf unser innerliches Muster der Entwicklung bezieht.

## *Venusische Rivalität*

Was könnte damit verbunden sein, wenn sich die Venus im Haus des Elternteils des gleichen Geschlechts befindet?

Teilnehmer: Spieglein, Spieglein an der Wand, wer ist die Schönste im ganzen Land?

Liz: Ja, das ist das eine Szenario. Rivalität ist eines der charakteristischsten Muster, wenn die Venus den Elternteil des gleichen Geschlechts anzeigt – oder auch den anderen. Der betreffende Mensch fühlt sich womöglich wie Schneewittchen. Steht die Venus bei einer Frau im 10. Haus, könnte zwischen Tochter und Mutter eine tiefe und schmerzhafte Rivalität gegeben sein. Aus Sicht der Tochter ist die Mutter womöglich eifersüchtig, wobei die Eifersucht in verdeckter Form als eine übermäßige Kritik oder als eine subtile fortwährende Erschütterung der weiblichen Identität der Tochter zum Ausdruck kommen kann. Leider ist die eifersüchtige oder konkurrierende Mutter oft eine objektive Realität. Irgendwann aber muss die Tochter der Tatsache ins Auge sehen, dass es ihre Venus ist, die im 10. Haus steht und dass sie selbst die Neigung zur Rivalität aufweist. Die Liebes-Gottheit, die die Schönste und Meistgeliebte sein will, stellt ein archetypisches Bild dar, das über Generationen hinweg in der mütterlichen Linie vererbt wird. Rivalität und Neid hängen eng miteinander zusammen; wenn die Venus ein Eltern-Signifikator ist, sehen wir vielleicht wunderschöne, beneidenswerte Qualitäten in der Mutter oder im Vater und wünschten uns, dass wir diese selbst hätten. Dann beginnt der Wettbewerb, weil wir zeigen wollen, dass auch wir Venus sind – und zwar eine größere und bessere und schönere.

Teilnehmer: Ich habe die Venus in Konjunktion zum IC, allerdings noch vom 3. Haus aus. Zählt das auch?

Liz: Ja, vom 3. oder 9. Haus »zählt« es auch. Anstatt dann das IC oder MC vorzuschieben, können wir die Venus vorschieben, um herauszufinden, wann es zur exakten Konjunktion mit der Achse kam. Das mag uns eine Idee vermitteln, wann unsere Erfahrung der Mutter oder des Vaters als Verkörperung der Venus ihren Höhepunkt hatte. Wären Sie dazu bereit, aufgrund Ihrer persönlichen Erfahrung diese Horoskop-Stellung zu kommentieren?

Teilnehmer: Vor kurzem sagte mein Vater zu mir: »Du bist zwar die Tochter meiner Träume, mit deiner Schwester aber komme ich besser aus.« Es gibt einiges, worum er mich beneidet. Zum Beispiel sagt er, dass ich auf eine ganz besondere Weise Mut bewiesen hätte, als ich bei einer Hausbesetzung mitgemacht habe – etwas, das er nie getan hätte. Er liebt es, Gedichte zu schreiben, bringt sie aber nie zu Ende. Er mag meine Gedichte sehr.

Liz: Die Schwester, mit der er Ihren Worten nach besser zurechtkam: Hatten Sie das Gefühl, dass Sie mit ihr um seine Liebe kämpfen mussten? Sie sagten, dass die Venus bei Ihnen in Konjunktion zum IC steht, aber vom 3. Haus aus. Damit hat sie einen Einfluss auf Ihre Wahrnehmung der Schwester. Das 3. Haus steht für Geschwister.

Teilnehmer: Ja, ich denke, sie hat immer mit mir um die Liebe unseres Vaters und unserer Mutter gekämpft. Sie war ein sehr forderndes Kind. Sie hatte als Kind Asthma, sodass meine Eltern sich viel um sie kümmern mussten.

Liz: Sie haben gerade eine Situation beschrieben, in welcher der Vater Ihnen gegenüber Gefühle des Neids und der Bewunderung zum Ausdruck brachte. Und Ihre Schwester war eifersüchtig und fordernd und kämpfte darum, Aufmerksamkeit von Ihren Eltern zu bekommen. Sie haben aber nichts über Ihre eigenen Gefühle für sie beide gesagt. Wenn Sie wollen, können wir an dieser Stelle noch etwas tiefer gehen.

Teilnehmer: Ich habe meinen Vater sehr gemocht. Ich fühlte mich schlecht mir selbst gegenüber, als ich in die Pubertät kam. Ich hatte den Eindruck, dass er mich nicht mehr berühren wollte. Später fragte ich mich, wovor er Angst hatte. Zu jener Zeit aber fühlte ich mich nicht als Frau gewürdigt. Kaum dass ich eine Frau geworden war, war ich nichts mehr wert.

Liz: Nun wird es schwierig. Diese Art von Erfahrung ist nicht ungewöhnlich, wenn die Venus Signifikator eines Elternteils ist. In dem Augenblick, wenn das Mädchen in die Pubertät kommt, kann der Vater es nicht mehr akzeptieren. Wissen Sie, warum?

Teilnehmer: Weil ich sexuell bedrohlich wurde.

Liz: Ja. Als Sie jünger waren, verkörperte er für Sie die Venus

– als Sie aber in die Pubertät kamen, wurden Sie selbst dazu. Das ist eine potenziell heikle Situation, weil Sie beide über venusische Eigenschaften verfügen. Damit waren Sie einander als sexuelle Wesen deutlich bewusst.

Ich hoffe, dass allen diese Auswirkungen klar sind. Gegenseitige erotische Gefühle zwischen Elternteil und Kind stellen nichts Abnormales dar, sind aber auch keine Entschuldigung für dessen sexuellen Missbrauch. Kinder können auf eine naive Weise sehr verführerisch sein, ob nun mit der Venus als elterlichem Signifikator oder ohne. Sie »probieren« ihre Sexualität aus. Sie wollen vom Erwachsenen keine sexuelle Antwort und erwarten keine – sie müssen sich aber über ihre sexuelle Identität klar werden, indem sie sie einem Elternteil gegenüber zum Ausdruck bringen, umso mehr, wenn dieser durch die Venus personifiziert ist. Diejenigen unter Ihnen, die Eltern sind, wissen das. Wie viele von Ihnen haben Kinder in dem Alter, in dem sie sich zwischen Sie drängeln und den einen gegen den anderen ausspielen wollen? Ich sehe, dass sich viele gemeldet haben.

Diese Geschehnisse sind fester Bestandteil des Familienlebens. Sie sind menschlich und an sich sogar positiv. Das erotische Bewusstsein seiner selbst – bei jedem Menschen in der Kindheit Teil der Entwicklung – bezieht sich auf die Familie, weil diese der angemessene Ort für das Kind ist, sie zum Ausdruck zu bringen. Es ist wichtig, dass der Vater beziehungsweise die Mutter positiv reagiert und die kindliche sexuelle Identität stärkt, wobei es natürlich nicht angemessen ist, dies in eine sexuelle Annäherung zu übersetzen. Manche Kinder haben mehr Energie als andere, manche sind über die Maße frühreif in ihrer erotischen Entwicklung. Das kann mit verschiedenen Faktoren im Horoskop zusammenhängen. Es mag auch eine besondere emotionale Verbindung zum Vater oder zur Mutter geben, gerade bei der Venus als Eltern-Signifikator. Wiederum mögen sich einige Eltern mehr als andere von einer solchen Verbindung gestört fühlen, was mit Synastrie-Aspekten zwischen Elternteil und Kind, mit der Sexualität des Elternteils oder der Qualität der elterlichen Verbindung zusammenhängen kann. All dies sind menschliche Variablen, die in keine künstliche Struktur so genannter »normaler« Reaktionen gezwängt werden können.

Es ist nicht einfach für Eltern, diesem natürlichen Prozess Raum zu geben, ohne dass eine familiäre Dreiecksbeziehung entsteht. Vielleicht können das nur sehr wenige Eltern – wenn überhaupt. Die wichtigste Frage ist dabei die nach der Intensität des Dreiecks, nicht die nach dessen Typus. Ein kleines Mädchen mit der Venus im 4. Haus empfindet wahrscheinlich sowohl zur Mutter als auch zu den Geschwistern eine starke Rivalität, weil sie ihren Vater liebt, mit dem sie vieles gemeinsam hat, was angenehm und liebenswürdig ist. Wenn die Ehe auf einem unsicheren Fundament ruht, die Mutter sich unbewusst auf eine feindselige oder konkurrierende Weise verhält oder der Vater nicht mit der sich abzeichnenden Weiblichkeit seiner Tochter umgehen kann und sie allzu brüsk ablehnt, ist die Saat für eine Dreiecksbeziehung im Erwachsenenalter gelegt.

Teilnehmer: Was mich betrifft – ich empfand keine Eifersucht auf meine Mutter, weil ich den Mond in Konjunktion zum Aszendenten und im Trigon zur Venus habe. Ich habe mich mit meiner Mutter identifiziert.

Liz: Identifikation und Eifersucht schließen einander nicht aus. In den glücklichsten und emotional stabilsten Familien können sowohl tiefe Gefühle der Liebe als auch starke Rivalitäten zu einem Elternteil gegeben sein. Man könnte zum Beispiel die Venus im 4. und den Mond im 10. Haus haben oder, wie Sie, den Mond im Trigon zur Venus. Damit kann eine starke Identifikation mit dem Rivalen einhergehen. Was würde in einem solchen Fall Ihrer Meinung nach geschehen?

Teilnehmer: Es würde zu einer seelischen Aufsplitterung kommen.

Liz: Ja, zu einem mehr oder weniger großen Ausmaß. Das Kind könnte in die Rolle des Betrügers oder auch in die des Objekts des Betrugs gedrängt werden. Weil daraus wahrscheinlich keine positiven Gefühle für die betreffende Person resultieren, würde wahrscheinlich etwas unterdrückt. Das junge Ego kann mit einer solchen Ambivalenz nicht umgehen. Wenn jemand die Venus im 4. Haus zum Ausdruck bringt und den Vater anbetet, verletzt und betrügt er damit die Mutter. Und wenn sich der Mond im Trigon zur Venus oder im 10. Haus befindet: Wie könnte man das einem Menschen antun, mit dessen Gefühlen man sich so stark identifiziert? In diesem Fall könnte die Venus unterdrückt werden, und später im Leben verstrickt sich der Mensch womöglich in eine Dreiecksbeziehung, ohne das frühe Muster zu verstehen, das dazu geführt hat. Oder aber die Gefühle für die Mutter werden unterdrückt. Man könnte sogar zum Zerstörer einer Ehe werden (wenn es denn überhaupt eine Ehe im konventionellen Sinn gegeben hat) – zu jemandem, der sich nicht aus Zuneigung und Hingezogenheit in eine bestehende Beziehung drängt, sondern vom zwanghaften Bedürfnis aus, die Rolle des Rivalen einzunehmen, mit der er sich insgeheim identifiziert.

Es ist nicht einfach, ein solches Muster in sich selbst anzuerkennen. Wenn wir die Rolle des Objekts des Betrugs übernommen haben, sind wir meist überzeugt von unserer Liebe und halten es einfach für Pech, dass diese Person bereits gebunden ist. Sie hat dann vermeintlich einen Fehler gemacht und den Falschen geheiratet – oder ist die Ehe gegen ihren Willen eingegangen, weil ein Kind unterwegs war. Welche Gründe wir für uns auch finden mögen, wir rechtfertigen unsere Rolle als Objekt des Betrugs womöglich dadurch, dass wir die bereits existierende Verbindung herabsetzen. Dies kann in manchen Fällen extrem naiv sein und zu sehr viel Enttäuschung und großem Schmerz führen, dann nämlich, wenn man entdeckt, dass die vermeintlich »ungeliebte« Person ihrem Partner sehr viel mehr bedeutet als angenommen. Man könnte auch zu seinem Schrecken die Entdeckung machen, dass man sich wie der gehasste Rivale zu verhalten beginnt, der oder die scheinbar nur »der Kinder wegen« die Beziehung aufrechterhielt. Wenn ödipale

Themen unbewältigt bleiben, könnte der Drang extrem machtvoll sein, die Beziehung zu sprengen – besonders dann, wenn der Rivale gleichzeitig ein enger Freund sein sollte. In einem solchen Fall kommt es ohne Weiteres dazu, dass die Gefühle des originären Familien-Dreiecks wiedererschaffen werden. Wie wäre es bei einem Mann, der die Venus im 10. Haus hat? Gibt es Männer mit dieser Stellung in dieser Runde? Nein? Wie schade. Eine direkte Rückmeldung ist immer so interessant.

Teilnehmer: Die Mutter wird geliebt.

Liz: Und was könnte das für das Leben des Erwachsenen bedeuten?

Teilnehmer: Die Unterdrückung von Gefühlen. Später dann verliebt sich der Mann vielleicht in eine ältere, verheiratete Frau.

Liz: Manchmal. Für gewöhnlich sind die Auswirkungen weniger offensichtlich. Die Frau kann auch deutlich jünger sein, ihr Horoskop aber ähnelt häufig dem der Mutter. Ich glaube allerdings, dass Sie mit der Unterdrückung richtig liegen. Nur wenige Männer sind in jungen Jahren dazu in der Lage, erotische Gefühle gegenüber der Mutter anzuerkennen. Der Imperator Nero hat es gekonnt – denken Sie aber daran, welches Bild ihm die Geschichte zuschreibt. Es besteht weiterhin die Strafandrohung durch den Vater-Rivalen. Und es mag das Gefühl geben – wie bei der Venus im 4. Haus im Horoskop der Frau –, das Objekt des Betrugs zu sein und gegen einen Elternteil zu handeln, für den man sehr viel Liebe und Zuneigung empfindet.

## *»Gespaltene Anima« und »gespaltener Animus«*

Die Macht der ursprünglichsten Inzest-Tabus und das Gefühl, vom Vater betrogen worden zu sein, könnten zur Folge haben, dass die venusischen Gefühle für die Mutter vollkommen unterdrückt werden. Oder der Mann nimmt Züge an seiner Mutter war, die nicht besonders liebenswürdig sind. Nehmen wir einmal an, er hat die Venus im 10. Haus, gleichzeitig aber ein

Mond-Pluto-Quadrat, eine Mond-Saturn-Opposition oder die Venus im 10. Haus in Konjunktion zu Saturn oder Chiron. Zwei ganz verschiedene Arten von Mutterbild sind dadurch angezeigt: einmal die geliebte und schöne Mutter, das andere Mal die Frau, die verletzend und bedrohlich wirkt. Wie kann ein Mann diese beiden Bilder in einer Person anerkennen?

Teilnehmer: Es wird sich für das eine entscheiden und das andere verdrängen.

Liz: Ja, das ist das charakteristische Muster. Die beiden verschiedenen Ausprägungen manifestieren sich später im Leben häufig als zwei Menschen: dem oder der Betrogenen sowie dem Objekt des Betrugs. Das ist das, was Jung die »gespaltene Anima« oder, als weibliches Pendant, den »gespaltenen Animus« nannte. Jung hat sich sehr intensiv mit der psychologischen Dynamik dieses Musters auseinander gesetzt, weil er selbst darunter litt. Wenngleich seine Definitionen in mancher Hinsicht starr anmuten und viel Flexibilität bei der Interpretation erfordern, sind sie doch nützlich insofern, als dass sie uns zeigen können, warum wir Dreiecksbeziehungen brauchen und warum die drei Punkte eigentlich austauschbar sind. Alle drei Menschen leiden wahrscheinlich unter der gleichen ungelösten elterlichen Dynamik. Die innerliche Aufspaltung ist immer dann wahrscheinlich, wenn im geliebten Elternteil vermeintlich unvereinbare Gegensätze zum Ausdruck kommen.

Es gibt Väter und Mütter, die dem Anschein nach keine besonderen Gegensätze verkörpern. Andere dagegen sind außerordentlich widersprüchlich; solche Menschen sind faszinierend und üben mit ihrer Unergründlichkeit häufig eine große Anziehungskraft aus. Der betreffende Elternteil ist womöglich schön und wird angebetet – zugleich aber weist er verletzende, grausame, rücksichtslose, vereinnahmende oder andere negative Züge auf. Es ist für die kindliche Psyche sehr problematisch, dass in einer Verpackung solch extreme Gegensätze enthalten sein können. Im Erwachsenenalter braucht man dann vielleicht zwei Menschen, durch die man die ambivalenten Gefühle erleben kann. Eine Person – für gewöhnlich der oder die »illegitime« Geliebte – wird die Rolle der Venus übernehmen, die andere – zumeist der feste Partner – wird Pluto, Saturn, Chiron, Mars oder Uranus spielen. Diese Rollen sind natürlich austauschbar.

Elternbilder, die extreme Gegensätze beinhalten, führen zu einer Neigung zu Dreiecksbeziehungen. Man geht eine Beziehung ein mit jemandem, und mit der Zeit nimmt es der Partner auf sich, die eine Seite des Elternteils zu verkörpern – meist dessen negative. Nach einigen Jahren des Zusammenlebens sagen wir uns dann möglicherweise: »Mein Partner ist so besitzergreifend, mir fehlt die Luft zum Atmen.« Das ist die Stimme der Venus im 10. oder im 4. Haus mit dem Mond im Quadrat zu Pluto. Oder wir äußern: »Mein Partner ist so einschränkend und konventionell, ich kann nicht ich selbst sein.« Das ist die Stimme der Venus im 10. oder 4. Haus und des Mondes in Opposition zu Saturn. Wir stellen fest, dass unsere Beziehung nicht so schön, erotisch, unterhaltsam geworden ist, wie wir es ursprünglich gehofft hatten. Deshalb glauben wir ein Recht auf einen Geliebten beziehungsweise eine Geliebte zu haben, der oder die die Rolle der Venus übernimmt. Die Aufspaltung kommt damit tatsächlich zum Ausdruck; sie reflektiert zwei gegensätzliche Eigenschaften in der Mutter oder im Vater, die wir nicht anerkennen konnten.

Man kann nicht genug betonen, dass solche mit den Eltern verbundenen Aufspaltungen auf der tiefsten Ebene mit Gegensätzen zusammenhängen, die wir in uns selbst nicht bewältigen. Wie ich am Anfang bereits sagte, bin ich davon überzeugt, dass alle Dreiecksbeziehungen einschließlich derer, die sich von einem familiären Hintergrund aus ergeben, in der letzten Konsequenz mit unserem eigenen ungelebten psychischen Potenzial in Verbindung stehen. Wenn wir imstande wären, unsere Gegensätze anzuerkennen, könnten wir unseren Eltern erlauben, so widersprüchlich zu sein, wie sie tatsächlich sind. Es ist in keiner Weise ungewöhnlich, dass ein Elternteil sowohl eine liebenswürdige venusische Seite hat sowie eine auf Rückzug bedachte saturnische Facette oder eine fordernde plutonische. Menschen sind vielschichtig, und sie lieben und verletzen uns gleichermaßen. Es mag aber auch so sein, dass wir die Widersprüche an unseren Eltern unerträglich finden, weil diese selbst damit nicht zurechtkommen. Dann hilft es uns nicht, *unsere* Widersprüche integrieren zu lernen. Einige dieser Gegensätze sind wiederum in astrologischer Hinsicht allzu widersprüchlich, als dass ein Kind damit umgehen könnte, selbst wenn die Eltern es nach Kräften unterstützen. Das gilt meiner Ansicht nach für Aspekte zwischen der Venus oder dem Mond mit Saturn oder Chiron – welche Weisheit erfordern, die sich erst im Laufe der Zeit einstellt – oder für Verbindungen zwischen Venus oder Mond und den anderen äußeren Planeten. Das Kind kann diese nicht auf der persönlichen Ebene integrieren.

## *Die Scheidung der Eltern*

Wenn sich die Eltern trennen, kann sich in der Familie eine Dreiecksbeziehung ergeben. Oft ist das durch Opposition im Radix-Horoskop zwischen dem 4. und dem 10. Haus angezeigt. Natürlich bedeuten solche Radix-Aspekte nicht immer, dass sich die Eltern getrennt haben oder sich trennen werden – sie spiegeln lediglich die kindliche Wahrnehmung der Konflikte in der elterlichen Verbindung wider. Man erlebt die Eltern in Opposition zueinander; und in einem solchen Fall ergreift man für gewöhnlich Partei. Sich anders zu verhalten würde allzu schmerzhaft sein. Manchmal kann sich ein Elternteil – oder auch beide – nicht enthalten, die Loyalität des Kindes als Waffe gegen den anderen einzusetzen. Auch in dieser Situation geht es um einen innerlichen Widerspruch, der zunächst durch die Eltern erlebt wird und der durch die Oppositions-Planeten im Horoskop angezeigt ist. Der Mensch muss sich irgendwie innerlich damit auseinander setzen. Unbewusste Manipulation seitens des Vaters oder der Mutter können diesen Prozess erschweren und in die Länge ziehen.

Wie viele von Ihnen haben Eltern, die sich scheiden ließen oder trennten, bevor Sie in die Pubertät kamen? Ein ganz beträchtlicher Anteil. Hatte jemand das große Glück, damals nicht Partei ergreifen zu müssen? Niemand meldet sich. Das ist nicht weiter überraschend. Selbst wenn wir keinen elterlichen Druck spürten, ist es doch unwahrscheinlich, dass man in diesen frühen Jahren bereits seine Loyalität aufspalten könnte. Nur unglaublich weise und bewusste Eltern sind unter solchen Umständen in der Lage, keinen emotionalen Druck auf das Kind auszuüben. Für gewöhnlich aber sind sie in ihrem Unglück über die Scheidung nicht besonders kooperativ. Wie dem auch sein mag – Trennungen erwecken archaische Emotionen im Kind, die zu Gefühlen der Rachsucht führen können, besonders dann, wenn die Trennung durch eine Dreiecksbeziehung ausgelöst wird.

Womöglich hat das Kind den Eindruck, der Fußball in einem Weltmeisterschafts-Endspiel zu sein. Es gibt da einige klassische Szenarien, die allgemein bekannt sind. Zum Beispiel: »Dein Vater war ein kalter, rücksichtsloser Mann. Er war nicht fähig zu lieben. Er hat keinen von uns gemocht. Sonst wäre er nicht zu dieser Frau gegangen.« Die Botschaft für den Sohn lautet damit womöglich: »Ich hoffe nicht, dass du später einmal wirst wie er.« Und der Tochter könnte in einem solchen Fall übermittelt werden: »Hoffentlich heiratest du später nicht jemanden wie ihn.« Solche Botschaften müssen nicht ausgesprochen werden, vielleicht werden sie durch eine Haltung kommuniziert, die ein fortwährendes Märtyrertum und Unglück zum Ausdruck bringt. Wenn sich Eltern trennen, hat meist der oder die Betrogene mehr Macht über die Psyche des Kindes, weil es Mitgefühl empfindet. Das Kind kann die Auseinandersetzung und den Zusammenbruch der Verbindung nicht mit Abstand sehen. Irgendjemand muss Schuld haben, entweder es selbst oder aber der Vater oder die Mutter. Kinder können es auch nicht wagen, Botschaften zurückzuweisen, weil sie die Wut des einen Elternteils fürchten müssen, der nun alles ist, was sie haben.

In unserer Gesellschaft wird bei einer Trennung das Kind im Allgemeinen der Mutter zugesprochen, selbst dann, wenn das psychologisch nicht die beste Lösung sein mag. Es gibt viele Fälle, in denen Väter emotional besser geeignet wären, das Kind zu erziehen, ohne dass die Gerichte das anerkennen. Die Mutter muss schon einen ziemlich üblen Eindruck hinterlassen, wenn das Kind dem Mann zugesprochen werden sollte. In vielen Fällen aber wird die Frau – falls es sich nicht um eine einvernehmliche Scheidung handelt – das alleinige Sorgerecht für das Kind bekommen. Und wenn die Eltern nicht verheiratet waren, hat der Vater womöglich überhaupt kein Recht, sein Kind zu sehen. Die Rechte des Vaters sind im Augenblick ein heißes Eisen; vielleicht haben Sie einiges dazu in den Zeitungen gelesen. Hat es der Vater wirklich verdient, dass ihm sein Kind genommen wird und es sich gegen ihn wendet, weil er seine Frau hinterging? Dreiecksbeziehungen führen zu sehr unangenehmen emotionalen Folgeerscheinungen, welche sich über Generationen erstrecken und ihrerseits wieder neue Konsequenzen haben.

## *Gespaltene Loyalität*

Eltern, die sich getrennt haben oder geschieden wurden – aber auch diejenigen, die weiter zusammenleben, aber einander entfremdet sind –, fordern zumeist, dass sich das Kind zwischen ihnen entscheidet. Die Liebe zum anderen Elternteil soll verschwiegen, verleugnet, unterdrückt werden. Das ist nur zu menschlich. Werden wir von jemandem verletzt, ertragen wir es nicht, wenn eine uns liebe Person demjenigen seine Zuneigung bekundet. Wenn es im Horoskop des Kindes zwischen dem 4. und dem 10. Haus eine Opposition gibt, kann die innere Aufspaltung des Kindes mit der Aufspaltung der Eltern in Zusammenhang stehen. Ich habe über die Jahre viele Klienten kennen gelernt, die sehr viel Liebe für einen Elternteil empfanden, sie aber verleugnen mussten. Wenn sich die Venus oder Sonne oder der Mond, Neptun oder Jupiter in einem Haus, das für die Eltern steht, befindet, ist meist eine sehr starke Verbindung zur Mutter oder zum Vater gegeben, auch dann, wenn daneben heikle Signifikatoren vorhanden sind oder der Elternteil abwesend ist. Finden wir einen dieser Planeten im 4. Haus, kann auf idealisierte Gefühle für den Vater geschlossen werden. Die Sonne in Konjunktion zur Venus oder im Trigon zu Jupiter oder Neptun bedeutet eine ähnliche Aussage. Wenn die Eltern einander entfremdet sind, ist es vielleicht unmöglich, sich dieser Gefühle bewusst zu werden. Die Ambivalenz und das Gefühl der Untreue gegenüber der Mutter könnte zu schmerzhaft sein.

Möglicherweise ging der Vater wegen einer anderen Beziehung. Vielleicht heiratet er wieder und hat andere Kinder. Das verschlimmert das Problem noch, weil die Eifersucht des Kindes sich mit der Eifersucht der Mutter verbindet, wodurch es unmöglich wird, sich der emotionalen Beziehung zum Vater bewusst zu werden. Die Beziehung ist zerstört, und später, als Erwachsener, sagt das Kind: »Ich habe meinen Vater nach der Scheidung kaum noch gesehen. Ich habe so gut wie nichts mit ihm zu tun. Wir haben eigentlich keine Beziehung zueinander.« All die positiven Gefühle der Liebe sind verdrängt worden, weil wir im Falle einer Trennung nicht damit zurechtkommen, beiden Elternteilen gegenüber loyal zu sein. Das Kind unterdrückt diese Gefühle, weil es psychologisch überleben muss. Und in den meisten Fällen bleibt es bei der Mutter.

Bei Planeten im 4. Haus, die auf Liebe und Idealisierung schließen lassen, und einer Trennung der Eltern bleibt etwas in unserer Seele zutiefst unbewusst und unintegriert. Dann können die unterdrückten Gefühle für den Vater den Nährboden für spätere Dreiecksbeziehungen bilden, aus dem Grund, weil wir immer nach jemandem suchen, der den planetarischen Archetypus für uns verkörpern kann. Das gilt für beide Geschlechter. Womöglich übernimmt eine Frau mit einem solchen familiären Hintergrund und einer derartigen Horoskop-Konfiguration die Rolle des Objekts des Betrugs und macht sich an einen verheirateten Mann heran. Oder aber die Frau, die mit jemandem wie ihrem Vater verheiratet ist, welchen sie anbetete und verlor, kommt hinter die Seitensprünge des Mannes. Oder eine Frau wird aus dem Schutz-Motiv zur Betrügerin, weil sie fest entschlossen ist, dass es bei ihr nicht so kommen soll wie bei der Mutter.

Der Mann mit einem solchen Hintergrund und dieser Horoskop-Konfiguration könnte sich unbewusst für eine Frau entscheiden, die wie seine Mutter ist und dann zu seinem Schrecken die Entdeckung machen, dass es ihm ergeht wie früher seinem Vater – und vielleicht fühlt er dann zum ersten Mal Mitgefühl für ihn. Sie sehen, warum es hier zu einer Dreiecksbeziehung kommen kann. Je unbewusster die Gefühle gegenüber dem fehlenden, geliebten Elternteil sind, desto wahrscheinlicher ist, dass sie sich später im Erwachsenenalter in der Beziehung bemerkbar machen werden. Und vielleicht hat es sogar seine Richtigkeit und muss so sein, dass wir es auf diese Weise aufarbeiten. Wie sollten wir uns sonst darüber klar werden, dass wir etwas verloren haben – oder es gar in uns wiederfinden?

Diese unbewussten Gefühle sind nicht unbedingt geschlechtsspezifisch. Sie beschränken sich nicht darauf, dass Frauen in anderen Männern den abwesenden Vater sehen oder Männer sich nur in der Situation wie ihre Väter wiederfinden. Der Mann, der seinen Vater verloren hat und bei dem Venus, Sonne, Neptun oder Mond im 4. Haus steht, könnte die väterlichen Attribute in Frauen suchen. Im Falle der Homosexualität sucht er diese vielleicht in einem anderen Mann. Wir müssen uns dieser Dynamiken bewusst sein; es geht dabei nicht um eine starre sexuelle Abgrenzung, sondern um den Versuch, Wunden zu heilen und einen Teil der verlorenen Seele wiederzufinden. Dreiecksbeziehungen reflektieren unsere Bestrebungen, als Erwachsene mit archetypischen Eigenschaften in Kontakt zu kommen, welche wir zunächst am Elternteil wahrnahmen, die wir aber auch in uns selbst haben. Weil wir etwas Unbewältigtes mit uns herumtragen, erschaffen wir womöglich die Beziehung unserer Eltern aufs Neue. Und werden Bestandteil der gleichen Dreiecksbeziehung, an welchem Punkt auch immer, verstrickt mit dem anderen Geschlecht oder auch mit beiden.

Diese untergründigen Dynamiken machen sich deutlich bemerkbar. Die Schwierigkeit liegt darin, sich ihrer zu erinnern, wenn wir selbst in einer Dreierbeziehung stecken. Wenn wir als Astrologe oder als Psychotherapeut tätig sind, erkennen wir sie sofort, oder auch, wenn wir mit etwas psychologischem Grundwissen einem Freund einen Rat geben. Für den außenstehenden Beobachter sind die familiären Wurzeln vieler Dreiecksbeziehungen im Erwachsenenalter nur zu deutlich – ist man aber selbst daran beteiligt, fällt es extrem schwer, sich darüber klar zu werden. Und je unbewusster wir uns der Dynamiken zwischen unseren Eltern sind, desto zwanghafter wird die Dreiecksbeziehung in emotionaler Hinsicht sein – und desto schwerer zu erkennen.

Teilnehmer: Und selbst wenn man sie erkennt, heißt das noch nicht, dass man sich davon freimachen kann.

Liz: Richtig. Wir kommen vielleicht deshalb nicht los davon, weil wir etwas durchleben müssen. Wir können nicht alles dadurch heilen, dass wir Vernunft walten lassen. Das emotionale Muster der Dreiecksbeziehung könnte sich außerdem wandeln, mit ganz anderen Resultaten, innerlich oder sogar äußerlich. Das Traurige an Dreiecksbeziehungen ist, dass alle Beteiligten dabei Verlierer sind, wenn man keine Einsicht gewinnt. Auf der einen oder anderen Ebene tragen alle ihre Wunden davon. Und selbst wenn das Objekt des Betrugs erfolgreich sein sollte bei seinem Kampf um den Elternersatz, handelt es sich doch um einen Pyrrhussieg. Der Betrüger muss am Schluss eine Entscheidung treffen – und gewinnt er etwas, geht ihm gleichermaßen etwas verloren. Auch für den Betrogenen, der den Partner »zurückgewinnt«, ist der Sieg womöglich zu teuer erkauft. Wir haben ödipale Macht ausgeübt und die ursprüngliche ödipale Niederlage der Kindheit in einen Sieg verwandelt. Was aber haben wir wirklich gewonnen?

Teilnehmer: Wut.

Liz: Ja, Wut ist im Lieferumfang enthalten, welchem Punkt des Dreiecks unsere Sympathie auch gelten mag. Falls wir das Instrument des Betrugs sind, haben wir jemand anderen gezwungen, eine sehr schmerzhafte Entscheidung zu treffen, die viel Leid mit sich bringt – emotional wie finanziell, was zu Wut führen dürfte. Wichtiger noch: Ohne Bewusstheit können wir die innere Aufspaltung nicht heilen, die hinter dem Dreieck verborgen liegt. Wir sind dann nur zu einer äußerlichen Lösung gekommen. In Wahrheit hat sich nichts geändert.

## *Entfremdung vom eigenen Geschlecht*

Es gibt noch eine andere mögliche Konsequenz von Familien-Dreiecken, die ich bereits kurz erwähnt habe: die Entfremdung vom eigenen Geschlecht. Ein nicht bewältigter ödipaler Kampf mit dem Elternteil des gleichen Geschlechts kann das Vertrauen in die eigene Sexualität zerstören. Welche Konsequenzen hat das für unsere Freundschaften und dafür, wie wir später mit anderen Menschen des gleichen Geschlechts umgehen? Was bedeutet es beispielsweise für eine Frau, eine Mutter zu haben, die ihr als Kind eine demütigende Niederlage zugefügt hat und die als Rivalin nicht zu überbieten ist?

Teilnehmer: Dass alle Frauen zu Rivalinnen werden.

Liz: Ja. Das Vertrauen in die eigene Weiblichkeit wird erschüttert, und weil diese Person sich selbst nicht traut, wird sie auch anderen Frauen nicht trauen. Alle anderen Frauen sind für sie dem Anschein nach in der Lage, denjenigen zu »nehmen«, den sie liebt. Ein solcher Mangel an Vertrauen in die eigene sexuelle Anziehungskraft kann sehr schmerzhaft sein. Eine Frau mag eine wunderbare Freundschaft zu einer anderen Frau haben und dann einen liebenswürdigen Mann treffen, mit dem sie eine Beziehung beginnt. Kann sie ihn ihrer Freundin vorstellen? Ein chronischer Unterton von Furcht und Eifersucht könnte ihr Leben überschatten. Unbewusst könnte sie sich sogar in die Position manövrieren, betrogen zu werden. Vielleicht wählt sie insgeheim solche Frauen als Freundinnen, die ihren ungelösten Konflikt mit der eigenen Mutter zum Ausdruck bringen – welche wiederum ihrerseits ungelöste Konflikte mit ihren Müttern haben. Das Gleiche gilt für Männer. Wenn sich ein Mann von seinem Vater gedemütigt und besiegt fühlte, kann in jeder späteren Beziehung Rivalität ein Thema sein; andere Männer stellen dem Anschein nach eine fortwährende Bedrohung dar, was zu permanenter Wachsamkeit führt. Dies ist keine Eifersucht im gewöhnlichen plutonischen oder skorpionischen Sinn, sie hat ganz andere Wurzeln.

## *Saturn, Chiron und sexuelle Unsicherheit*

Konfigurationen wie die Venus im Aspekt zu Saturn oder Chiron mögen ihren Teil zu einer solchen Dynamik beitragen – nicht weil sie von sich aus ödipal sind, sondern weil sie eine gewisse Unsicherheit anzeigen, die womöglich durch das familiäre Dreieck noch verschlimmert wird. Mars im Aspekt zu Saturn oder Chiron kann ebenfalls Ängste anzeigen, die durch Familien-Dreiecke noch verstärkt werden und von einem Gefühl der Niederlage begleitet sind. Diese Aspekt-Verbindungen mögen zu einer späteren Wiederholung des Misserfolgs führen oder aber zum Versuch, die Wunde zu heilen, indem man sich seiner Anziehungskraft und sexuellen Potenz durch eine Dreiecksbeziehung vergewissert.

*Es gibt kein astrologisches Muster, das auf eine Neigung zu Dreiecksbeziehungen schließen lässt.* Vielmehr gibt es die verschiedensten Kombinationen, die jede für sich ein anderes Bild der Wahrnehmung der Eltern und der Reaktion auf sie zeichnet sowie verschiedene Antworten auf die natürliche und unvermeidliche ödipale Phase der Kindheit. Venus-Saturn und Venus-Chiron »bewirken« keine Person, die sich in Dreiecksbeziehungen verstrickt. Sie beschreiben ein innerliches Wissen um die Grenzen der menschlichen Liebe. In frühen Jahren, wenn man nichts Positives darin zu sehen vermag, kann ein solches Bewusstsein zum Gefühl der Unzulänglichkeit, der Machtlosigkeit oder eines persönlichen Mangels führen. Die Entfremdung von einem geliebten Elternteil wird dann als eigenes Versagen gesehen; und später im Leben glaubt diese Person vielleicht, keinen Partner »halten« zu können, weil es immer einen stärkeren Rivalen geben wird.

Teilnehmer: Bedeuten Saturn im 4. Haus bei der Frau und im 10. Haus beim Mann das Gleiche?

Liz: Wahrscheinlich sind damit Gefühle der Zurückweisung verbunden, die man als Kind als Zeichen eines persönlichen Scheiterns aufgefasst haben könnte. Allerdings sind dafür noch Signifikatoren von persönlicherer Art zu erwarten, zum Beispiel Saturn im Spannungsaspekt zur Sonne oder Venus oder zum Mond. Oder es gibt den Hinweis auf ein idealisiertes Elternbild, zum Beispiel durch Aspekte zwischen Sonne oder Mond auf der einen und Venus, Jupiter oder Neptun auf der anderen Seite. Wenn dann noch Saturn im 4. oder 10. Haus steht, könnte die Zurückweisung auf die Sexualität übertragen werden. Saturn als einziger Eltern-Signifikator kann Entfremdung bedeuten, nicht unbedingt aber die ödipale Niederlage in all ihrer Komplexität.

## *Ödipale Themen im späteren Leben*

Teilnehmer: Machen sich ödipale Erfahrungen auch in späteren Jahren bemerkbar?

Liz: Sie brechen in der Mitte des Lebens häufig geradezu wie ein Feuerwerk aus, weil die Planeten – Saturn, Neptun, Uranus und, etwas später, Chiron – auf ihren Bahnen zu dieser Zeit

Konstellationen auslösen, die uns mit Themen der Kindheit konfrontieren. Diese Transite in den mittleren Jahren rufen oftmals vieles vom ungelebten Potenzial hervor, das endlich zum Ausdruck kommen will. Unbewältigte ödipale Themen, die über lange Zeit unterdrückt wurden und einen ungelebten Teil der Psyche darstellten, könnten sich nun endgültig bemerkbar machen. Es kommt hier darauf an, wie intensiv der ödipale Konflikt ist, er könnte auch schon sehr viel früher zum Ausbruch gekommen sein. Es gibt Menschen, die als Erwachsene sofort in Dreiecksbeziehungen verstrickt sind – oder es sogar schon als Teenager auf der Schule waren.

Teilnehmer: Ich habe darüber nachgedacht, wie viele Menschen ihre Beziehungen in dieser Phase beenden, und ich frage mich, ob das mit dem Aufkommen ödipaler Themen zusammenhängt.

Liz: Nicht alle Dreiecksbeziehungen haben ödipale Wurzeln, und ödipale Wurzeln wiederum beziehen sich auf etwas Tieferes. Wenn es ein unbewältigtes ödipales Muster gibt – wie zum Beispiel die Venus-Themen, die wir untersucht haben –, wird es sich voraussichtlich unter den entsprechenden Transiten manifestieren. Das ist für viele Menschen der einzige Weg der Heilung oder Lösung. Hinter dem ödipalen Sachverhalt aber liegen archetypische Themen. Warum sind wir darauf aus, von dem betreffenden Elternteil geliebt zu werden, was symbolisiert dieser Elternteil für unsere Seele? Damit geht zwangsläufig auch das einher, was wir in uns selbst zur Entwicklung bringen müssen.

In den mittleren Jahren können wichtige Teile von uns, wenn sie nicht entwickelt worden sind, zum Ausbruch kommen, besonders unter der Opposition von Uranus zu seiner eigenen Radix-Position. Vielfach werden wir uns dieser unbekannten Teile von uns zum ersten Mal an anderen bewusst. Das ist die charakteristische Form, wie die unbewusste Psyche sich bemerkbar macht und Integration fordert. Das Bedürfnis zu werden, was man wirklich ist, kann mit einer plötzlichen Hingezogenheit zu jemandem zusammenfallen. Ungelebte Dimensionen der eigenen Person werden vielleicht auch an der Person des Rivalen wahrgenommen, der aus psychologischer Sicht interessanter sein mag als derjenige, um den man kämpft. Hat es aber zuvor noch kein Dreiecksmuster gegeben, muss ein solches in den mittleren Jahren nicht unbedingt ein ödipales Problem anzeigen. Wenn das aber der Fall sein sollte, kommt es darauf an, das Problem im größeren Kontext zu sehen.

Toni Wolff – die langjährige Geliebte von C. G. Jung – hat einmal gesagt, dass es bei einer Affäre für den hintergangenen Partner eine gute Idee wäre, den Rivalen zum Tee einzuladen und herauszufinden, wer er ist. Man kann auf diese Weise etwas über sich selbst in Erfahrung bringen. Besonders in mittleren Jahren zeigt der Rivale möglicherweise am deutlichsten, was wir von uns selbst nicht leben. Vielleicht ist es eine alte, nicht verheilte familiäre Wunde, die sich in dieser Lebensphase bemerkbar macht. Die Aktivierung könnte darauf zurückgehen, dass psychische Dimensionen von uns versuchen, ins Bewusstsein aufzusteigen. Sie wurden abgespalten und erscheinen nun in äußerlicher Form als jemand anderes.

## *Der unerreichbare Elternteil: astrologische Signifikatoren*

Ein unzugänglicher Elternteil weist auf eine ödipale Niederlage hin. Manchmal aber liegen die Dinge nicht so einfach. Es gibt verschiedene Formen der Unzugänglichkeit und verschiedene Antworten auf das Gefühl, jemanden verloren zu haben. Manchmal ist eine solche Unzugänglichkeit von starken Gefühlen des Verlangens, der Idealisierung und einer Art süßer, schmerzlicher Hoffnungslosigkeit begleitet. Es besteht vom Elternteil ein Bild als Opfer und Erlöser zugleich, was den Vater oder die Mutter zu einer Art Gottheit zu machen scheint, auch dann, wenn diese Empfindung unbewusst ist. Neptun im 4.

oder im 10. Haus beschreibt für gewöhnlich ein solches Bild. Man ist sich dieser Idealisierung des Elternteils zumeist nicht bewusst, für gewöhnlich macht sie sich erst später in den Beziehungen bemerkbar.

Uranus im 4. oder im 10. Haus bedeutet ebenfalls eine Neigung zur Idealisierung. Die uranische Unzugänglichkeit aber hat meist nicht diese scharfe, bittersüße, sehnsuchtsvolle Qualität, wie sie für Neptun so typisch ist. Bei Uranus besteht häufig der Eindruck eines Verlustes, der mit dem Gefühl der Kälte und dem Eindruck einhergeht, niemals dem Perfektionsanspruch des unzugänglichen Elternteils entsprechen zu können. Es gibt auch die planetarischen Kombinationen wie Mond-Neptun und Mond-Uranus, bei denen der unzugängliche Teil die Mutter ist – oder der Vater bei Sonne-Neptun oder Sonne-Uranus. Bei diesen beiden äußeren, eher kollektiven als persönlichen Planeten als Eltern-Signifikator ist auf einen Elternteil zu schließen, der unerreichbar ist, weil er eine überpersönliche Qualität verkörpert. Uranus und Neptun als Signifikatoren für den Vater oder die Mutter beschreiben keine menschlichen Charakteristiken. Und jedes Kind, das einen Elternteil als den Ausdruck des umfassenden kosmischen Lebens wahrnimmt, wird wahrscheinlich ein Gefühl des Verlustes empfinden. Nicht unbedingt deshalb, weil der Vater oder die Mutter »schlecht« war oder es abgelehnt hatte, sondern weil möglicherweise kein Mensch dieser Dimension des Lebens gerecht werden kann.

Teilnehmer: Wie verhält es sich bei Spannungsaspekten zwischen Venus und Saturn? Diese scheinen für mich unerreichbare Liebe anzuzeigen.

Liz: Das hängt davon ab, wie wir »unerreichbar« definieren. Venus-Saturn beschreibt die Wahrnehmung von *begrenzter Liebe.* Saturn als Eltern-Signifikator oder im Spannungsaspekt bedeutet andere Gefühle als der Rest der äußeren Planeten. Mit Uranus und Neptun hat das Kind das Gefühl, den Elternteil verloren zu haben – dass dieser weit weg auf einer anderen Ebene ist, außerhalb seiner Reichweite als gewöhnlicher Sterblicher. Es handelt sich um eine ganz besondere Art der Entfremdung, die vielfach eine extreme Idealisierung einschließt. Saturnische Eltern mögen als verletzend und als abweisend wahrgenommen werden, meist aber auch als menschlich. Wenn Venus mit Saturn verbunden ist oder wenn sie sich im 4. oder 10. Haus befindet und es zudem noch Mond-Saturn- oder Sonne-Saturn-Aspekte gibt, mag auch das nagende Gefühl vorhanden sein, keine Liebe zu verdienen. Die emotionalen Beschränkungen, die man in der Kindheit erlebt hat, werden als persönliche Grenzen empfunden – was sie eigentlich auch sind, wenngleich ihre tiefere Bedeutung nicht notwendigerweise negativ ist. Gewisse Venus-Saturn-Konfigurationen sind regelmäßig Bestandteil von Dreiecksbeziehungen, hauptsächlich der – wie ich sie genannt habe – Schutz-Dreiecke.

Teilnehmer: Was ist mit Mond-Pluto?

Liz: Mond-Pluto beschreibt im Normalfall keinen unzugänglichen Elternteil. Eher das Gegenteil: Das Kind empfindet die Mutter oder den Vater als allzu nahe, vereinnahmend und mächtig. Wie alle äußeren Planeten weist fraglos auch Pluto eine mystische Qualität auf, manchmal dazu ein sehr starkes Verlustgefühl. Zumeist resultiert daraus allerdings ein tiefes Misstrauen dem Leben gegenüber. Die kindliche Erfahrung eines plutonischen Elternteils ist meiner Meinung nach nicht idealisierend. Auf der anderen Seite kann Chiron der Grund dafür sein, dass das Kind meint, keinen Zugang zum Vater oder zur Mutter zu finden. Der Elternteil mag unzugänglich sein, weil er selbst verwundet wurde und ein Opfer des Lebens ist, jemand, der zu stark verletzt wurde, als dass er noch die nötige Liebe bieten kann. Und insofern kann es nun der Vater oder die Mutter sein, der oder die kränkt und verletzt. Weil der Elternteil aber von Kräften im Leben verletzt worden ist, die seine Kräfte weit übersteigen, nimmt das Kind dies für gewöhnlich als etwas Verzeihliches wahr – selbst wenn es das später als Erwachsener vergessen sollte.

Teilnehmer: Alle Planeten können dabei eine Rolle spielen.

Liz: So gut wie jeder Planet kann mit der Neigung zu Dreiecksbeziehungen zusammenhängen. Und es gibt eine Ebene, auf der die Eltern unerreichbar sind, weil wir nicht für immer mit ihnen verschmolzen sein können, sondern uns schließlich unserer Eigenständigkeit bewusst werden müssen. Der unerreichbare, idealisierte Elternteil aber, der uns von unseren frühen Erfahrungen aus zu Dreiecksbeziehungen neigen lässt, wird zumeist nicht von einem der alten Planeten beschrieben, sondern eher von einem der äußeren Planeten, ausgenommen Pluto. Das hängt damit zusammen, dass die äußeren Planeten eher kollektive als persönliche Energien reflektieren. Selbst wenn der Elternteil, der dieses Bild trägt, immer zu Hause ist, vermittelt er etwas, das viel komplexer ist als die persönlichen menschlichen Gefühle und Verhaltensweisen. Die äußeren Planeten können nicht wirklich vermittelt werden, allenfalls in einem sehr begrenzten Umfang. Sie haben etwas Unermessliches und Göttliches, etwas, das über das normal Sterbliche weit hinausreicht. Das ist der Grund, warum der Elternteil, die diese Projektion trägt, unerreichbar zu sein scheint. Ein Vater oder eine Mutter, der oder die das Kind verletzt oder ablehnt, vermittelt einen anderen Eindruck, und die emotionale Dynamik einer später daraus resultierenden Dreiecksbeziehung unterscheidet sich deutlich davon.

Teilnehmer: Sie sind bislang nicht auf Stellungen wie die Venus im Krebs oder die Venus im Steinbock eingegangen, nur auf das 4. und 10. Haus.

Liz: Ich spreche hier über Eltern-Signifikatoren, die meiner Ansicht nach von Planeten in der Achse 4./10. Haus angezeigt sind oder von Planeten im Aspekt zu Sonne oder Mond. Die Krebs-Venus weist nicht auf einen Elternteil hin, der für eine spätere Dreiecksbeziehung verantwortlich sein könnte. Das Venuszeichen legt gewisse Eigenschaften nahe, die man liebt und schätzt und schön findet. Diese müssen aber nicht notwendigerweise etwas mit den Eltern zu tun haben. Die Venus im Krebs oder im Steinbock mag Schönheit im eigenen Zuhause, in den persönlichen Besitztümern, den Wurzeln oder im Geburtsort finden. Zeichen aber sind nicht das Gleiche wie Häuser, sie beschreiben eher eine Qualität als eine Situation. Und sie unterscheiden sich von Aspekten, die etwas bewegen und eine Absicht beinhalten. Das Venuszeichen weist nicht die energetische Dynamik wie eine Häuserstellung oder ein Aspekt auf. Es kann allerdings erkennen lassen, was man an der Mutter oder am Vater liebt, weil es das ist, was man selbst liebt.

## *Oppositionen zwischen 4. und 10. Haus*

Teilnehmer: Sie kamen zuvor einmal auf Oppositionen zwischen Planeten im 10. und 4. Haus zu sprechen. Wie verhält es sich, wenn sich die Herrscher des 10. und des 4. Haus in Opposition zueinander befinden?

Liz: Je indirekter der Signifikator, desto verwässerter kommt er zum Ausdruck. Die Erfahrung eines Planeten in einem Haus ist direkt und machtvoll. Es handelt sich dabei in einer bestimmten Sphäre des Lebens um die Begegnung mit einem Gott. Wenn diese Sphäre mit den Eltern zu tun hat, sind wir mit einem archetypischen Schicksalsmuster konfrontiert, das in unseren Eltern verkörpert ist. Andere Faktoren wie die Regenten des 4. und des 10. Hauses sagen fraglos etwas darüber aus, wie wir unsere Eltern erfahren; und das Gleiche gilt für die Zeichen am MC und IC. Sie haben aber nicht die grundsätzliche Wirkung eines Planeten im 4. oder 10. Haus. Ich nehme diese zu Hilfe, wenn es nicht möglich ist, an Planeten im 4. oder 10. Haus etwas zur Verwicklung in Dreiecksbeziehungen abzulesen.

Teilnehmer: Was besagt der Herrscher vom 10. oder 4. Haus im 7. Haus?

Liz: Damit könnte man nach einem Partner suchen, der Eigenschaften besitzt, die zum betreffenden Elternteil gehörten. Das allein muss aber noch kein Familien-Dreieck bedeuten. Der

Vater oder die Mutter mag Eigenschaften aufweisen, die es wert sind, dass sie in einem Partner wiedergefunden werden. Das ist nicht von vornherein problematisch. Diese Dynamik verbindet den Elternteil mit dem persönlichen Bild vom »Anderen«, sagt aber nichts darüber aus, ob es einen Konflikt oder das Gefühl einer ödipalen Niederlage gibt.

Teilnehmer: Bezieht sich das auf sämtliche Oppositionen zwischen dem 10. und 4. Haus?

Liz: Manche Oppositionen bedeuten größere Gegensätze als andere. Saturn in Opposition zu Neptun schmerzt stärker als Merkur in Opposition zu Jupiter, weil zwischen dem König der Götter und seinem Botschafter immer ein Dialog möglich ist. Diese beiden sind keine archetypischen Feinde wie andere Planeten. In diesem Fall mag die Spaltung zwischen den Eltern endgültig sein und das Kind das Gefühl haben, die Verbindung zu einem Elternteil abbrechen zu müssen.

Nicht alle Scheidungen aber vermitteln dem Kind den Eindruck, dass es keinen Zugang mehr zu dem einen Elternteil hat. Allerdings ist eine dauerhafte Wut oder Angst vor weiterer Ablehnung denkbar. Vielleicht wird auch das Kind seinerseits als Erwachsener aus Rache den Elternteil zurückweisen, der es verletzt hat. Andere Kinder wiederum empfinden das hoffnungslose Gefühl eines nicht wieder gutzumachenden Verlustes. Das ist besonders bei einem äußeren Planeten als Eltern-Signifikator der Fall – also im 4. oder 10. Haus –, der zusätzlich zu einem Planeten in dem anderen Haus in Opposition steht. Im Endeffekt ist es die eigene Opposition, und insofern liegt die Spaltung zwischen den planetarischen Gottheiten in unserer eigenen Seele begründet. Allerdings wirkt sie sich darauf aus, wie wir die Eltern wahrnehmen. Ein unerreichbarer Elternteil beschert uns das Gefühl, dass wir unwiederbringlich etwas verloren haben, das wir lieben und brauchen. Ganz allgemein ist jegliche Trennung und jeder unversöhnliche Konflikt zwischen den Eltern mit Schmerzen verbunden – die besondere Erfahrung der Unerreichbarkeit aber erfüllt uns häufig mit dem zwanghaften und nicht zu einem befriedigenden Bedürfnis, das Verlorene wiederzufinden. Bei einem äußeren Planet ist das, was wir verloren, nicht nur eine geliebte Person, sondern die Erfahrung der Einheit mit dem größeren Kosmos. Wir müssen einen Zugang finden zu dem, was unzugänglich war, damit wir uns wieder als Teil des umfassenderen Lebens fühlen können.

Die Herrscher der Häuser, die für Vater und Mutter stehen, im 7. Haus oder der Herrscher des 7. Hauses im 10. oder im 4. Haus verbinden das persönliche Bild des Partners mit dem betreffenden Elternteil. Der eigene Vater hatte vielleicht Bücher geliebt, das Kind früh Lesen gelehrt und ihm eine Aufgeschlossenheit für Menschen vermittelt, die ebenfalls Bücher mögen. Ein solcher Sachverhalt könnte angezeigt sein vom Herrscher des 4. Hauses im 7. Haus in den Zwillingen oder von Merkur als Herrscher über das 7. Haus im 4. Haus. Und weiter? Dies muss längst nicht auf ein Familien-Dreieck hinauslaufen, und vielleicht ist der Bücher liebende Vater überhaupt nicht unzugänglich. Nicht jeder Zusammenhang zwischen unseren Liebesbeziehungen als Erwachsene und der Verbindung zu den Eltern ist ödipal oder konfliktbeladen. Horoskop-Verbindungen können auch Eigenschaften anzeigen, die wir an unserem Vater wahrnehmen und lieben – und später an jemand anderem entdecken und lieben werden. Und wenn wir Glück haben, gibt es in beiden Eltern etwas, das wir lieben und bewundern. Wenn allerdings das elterliche Planetenbild im Radix-Horoskop auf große Liebe *und* einen großen Verlust schließen lässt, mag die Empfindung der Unzugänglichkeit prägend sein für die späteren Beziehungen.

Die Suche nach dem unerreichbaren Elternteil kann, besonders bei äußeren Planeten, durch nicht menschliche Elemente zum Ausdruck kommen, zum Beispiel durch das zwanghafte Streben nach spiritueller Erleuchtung oder dem perfekten Kunstwerk. Diese Dinge sind von ihrem Wesen her außerhalb unserer Reichweite, und sie können als Objekt des Betrugs wirken, das eine existierende Beziehung unterhöhlt. Die perfekte

Liebe zu suchen kann eine andere Bezeichnung für den Wunsch sein, dem unerreichbaren Elternteil nahe zu kommen. Wie viele Affären der Betrüger bei seiner leidenschaftlichen Suche auch haben mag, hinter den unzähligen abgelegten Liebhabern scheint flackernd das undeutliche Bild des Elternteils auf, zu dem das Kind keinen Zugang finden konnte. Hinter dem Elternteil aber gibt es etwas, das groß und unauslöschlich ist.

Das Unerreichbare erreichen zu wollen führt häufig zu der elenden Rolle des Betrügers oder des Objekt des Betrugs, vielleicht aber auch zu der Position des Betrogenen. Das Unerreichbare kann sogar der eigene Partner sein; »unerreichbar« muss nicht immer »mit jemand anderem verheiratet« heißen. Der oder die Geliebte könnte aus vielen Gründen unerreichbar sein. Mit einem Partner zusammen zu sein, der von Drogen abhängig ist, bedeutet eine sehr schmerzhafte Erfahrung von Unerreichbarkeit. Wir können uns niemals voll und ganz mit der Person verbinden, weil sie mit der Droge verheiratet ist. Dasselbe lässt sich von einem Alkoholiker als Partner sagen. Die Liebe zu einem im Zölibat lebenden Priester ist eine andere Form von Unerreichbarkeit, weil der dritte Punkt des Dreiecks hier von der Kirche eingenommen wird – oder von Gott. Sehr deutlich ist hier ein archetypisches Bild zu erkennen, das hinter dem verschwundenen Elternteil liegt, dessen Abwesenheit mit dem *mana* der Göttlichkeit erfüllt ist.

Teilnehmer: Könnten Sie noch etwas mehr zu Saturn in Konjunktion zur Venus sagen? Mich interessiert vor allem, was Sie mit Schutz-Dreiecken meinen.

Liz: Ich werde darauf später noch im Detail eingehen. Kurz gesagt resultieren Schutz-Dreiecke aus der starken Empfindung, minderwertig zu sein oder keine Liebe zu verdienen. Solche Gefühle sind für Venus-Saturn-Aspekte typisch. Wir sind darauf bereits zu sprechen gekommen. Venus-Saturn bedeutet ein ausgeprägtes Bewusstsein für die Beschränktheit von Liebe und erlebt Liebe von Anfang an als beschränkt. Häufig ist Liebe, die in einer solchen Familie geboten wird, an Bedingungen geknüpft –

sie hängt dem Anschein nach davon ab, dass man sich auf die richtige Weise verhält, man die richtige Bekleidung trägt, die richtige Art von Kind ist und das Richtige tut. Liebe mag gegeben sein, man muss sie sich aber verdienen. Ich habe meine Zweifel daran, dass das nur von den Eltern ausgeht. Das Kind mit Venus-Saturn ist von seinem Wesen her sehr sensibel für saturnische Erwartungen und reagiert demgemäß. Im Endeffekt ist es sein Saturn, der zu den hohen Standards führt. Bedingungslose Liebe ist ein wunderbares Ideal, aber nur wenige menschliche Wesen sind in der Lage, ihm zu jeder Zeit gerecht zu werden. Erschöpfte oder angespannte Eltern mögen als beschränkend wahrgenommen werden, weil sie nicht so reagieren können, wie das Kind es gern hätte. Emotionale Beschränkungen des Vaters oder der Mutter blockieren nicht notwendigerweise die Liebe, sie können allerdings deren äußerlichen Ausdruck beeinträchtigen. Das Venus-Saturn-Kind sieht aber nur das, was fehlt.

Mit Venus-Saturn ist man sich der eigenen Beschränkungen schmerzhaft bewusst und hat das Gefühl, dass man für das Recht auf Liebe arbeiten muss. Die typische Reaktion auf eine solche Wahrnehmung im Leben sind Minderwertigkeitsgefühle. Mit zunehmender Reife und Bewusstheit kann Venus-Saturn seine negative Haltung ändern und Toleranz und Mitgefühl für die menschlichen Beschränkungen entwickeln. Der Eindruck, dass Liebe verdient werden muss, kommt dann als ein hoch entwickeltes Verantwortungsbewusstsein in Beziehungen zum Tragen. Man geht dann nicht mehr davon aus, persönlich gescheitert zu sein, weil man keine bedingungslose Liebe zum Ausdruck bringt; und man erwartet diese Liebe auch nicht von anderen. Ohne Bewusstheit aber können die Gefühle der Unzulänglichkeit extrem schmerzhaft sein und die Überzeugung verleihen, dass man die geliebte Person unweigerlich an jemand anderen verlieren wird. Das kann dazu führen, ausgeprägte Abwehrstrategien gegenüber einer Bindung zu entwickeln. Oberflächlich wirkt das vielleicht als Unversöhnlichkeit, die eine Reaktion auf Enttäuschungen durch andere zu sein scheint. Unter der Oberfläche jedoch mag das nagende Gefühl vorhanden sein, selbst eine Enttäuschung zu sein. Dreiecke, die durch solche unbewussten Gefühle motiviert werden, sind ein Schutz gegen allzu große Verletzlichkeit. Seine Zuneigung auf zwei Menschen aufzuteilen stellt sicher, dass keine der beiden Personen für sich allein die Macht hat, das eigene Leben zu zerstören. Und sich fortwährend in Menschen zu verlieben, die gebunden sind, ist womöglich ein unbewusstes Mittel, tiefere Bindungen zu vermeiden.

## *Dreiecksbeziehungen und die Gesellschaft*

Teilnehmer: Sie hatten zuvor etwas gesagt, was mich sehr berührt hat. Sie haben erwähnt, dass sich das komplexe Wesen der Dreiecksbeziehungen häufig im Widerspruch zu dem befindet, was uns über Beziehungen beigebracht wurde. Uns wurde beigebracht, dass wir nur eine Person lieben können. Bezieht sich die innerliche Aufspaltung dabei nur auf den Konflikt zwischen verschiedenen Eigenschaften oder Elternbildern oder vielleicht auf den viel umfassenderen Gegensatz zwischen den eigenen Gefühlen und den Tabus, die uns die Gesellschaft auferlegt? Ich frage mich, ob nicht das größte Problem bei Dreiecksbeziehungen aus Schuldgefühlen resultiert.

Liz: Vom Kollektiv ausgehende Schuldgefühle machen das Ganze ohne Zweifel schlimmer – mit ihr ist es sehr viel schwerer, individuelle Werte und Empfindungen zu entwickeln und zu verteidigen. Das wütende Geheul »der anderen« kann die leise innerliche Stimme nur zu leicht übertönen. Und was Herzensangelegenheiten betrifft, gibt es viele soziale Vorstellungen und Ideale, die der menschlichen Natur mehr oder weniger widersprechen. Man könnte sogar sagen, dass die Aufspaltung in dem größeren Rahmen des Kollektiven begründet liegt. Die mittelalterliche christliche Weltsicht – das Fleisch ist böse und nur der Geist zählt – reflektiert eine kollektive psychische Aufspaltung, die auch heute noch für sehr viel Unheil sorgt, selbst in unserer so genannten aufgeklärten Zeit. Dadurch kann die innere Aufspaltung mit schwer wiegenden Beeinträchtigungen unserer Wahrnehmungen und unseres Verhaltens noch problematischer werden. Eine tiefe Dichotomie zwischen den persönlichen Werten und der individuellen Auffassung, was die Welt braucht, ist aber meist mit besonderen Anzeichen im Horoskop verknüpft. Ansonsten fällt die Identifikation mit den herrschenden kollektiven Anschauungen nicht übermäßig stark aus.

Ein Saturn im 10. Haus oder eine Steinbock-Betonung könnte allerdings bedeuten, dass der betreffenden Person die allgemeine Meinung sehr wichtig ist. In diesem Fall könnte eine Dreiecksbeziehung besonders schmerzlich sein, weil man sich selbst und andere von der Warte eines Freudschen Über-Ichs aus betrachtet. Das macht es sehr schwer, der inneren Spaltung aufgeschlossen und konstruktiv zu begegnen. Vielleicht ist die Person auch bei Liebesangelegenheiten extrem idealistisch, weil bei ihr eine Konfiguration wie zum Beispiel eine Venus-Neptun-Konjunktion in der Waage gegeben ist. Venus-Neptun legt einen intensiven romantischen Idealismus sowie den Glauben an die perfekte, bedingungslose Liebe nahe. Die Saturn-Neptun-Konjunktion in der Waage hat eine ganze Generation von unbelehrbaren Idealisten hervorgebracht. Venus-Uranus und Uranus im 7. Haus können ebenfalls extrem idealistisch sein, was den Glauben an die perfekte Beziehung betrifft. Auch der Mond in der Waage oder im Wassermann können diese Art von Idealismus anzeigen. Damit sind bestimmte Auffassungen von Liebe verbunden – entweder »weil alle das sagen« oder weil die persönlichen Ideale dazu geführt haben.

In diesem Fall scheinen die inneren Gegensätze unüberbrückbar wie auch unentschuldbar zu sein. Ich stimme Ihnen zu – das Kollektiv macht es uns schwer, mit Dreiecksbeziehungen konstruktiv umzugehen. Die extreme Beeinflussbarkeit aber, die mancher Mensch gegenüber der Allgemeinheit erkennen lässt, reflektiert aber etwas, das in ihm selbst begründet liegt.

Teilnehmer: Als Sie Toni Wolff mit dem Ausspruch zitierten, man solle den oder die Nebenbuhlerin zum Tee einladen, hörte es sich plötzlich an, als könne es so einfach sein. Man könnte sich so viele Probleme ersparen. Vielleicht sollte man aber ein Messer in der Tasche haben – für den Fall, dass es rau zugehen sollte.

Teilnehmer: Vielleicht könnte man auch etwas in den Tee tun.

Liz: Geben Sie Acht, dass Ihnen nicht Ihr Partner etwas in den Tee tut, wenn er herausfindet, dass Sie mit seiner Geliebten vertraut geworden sind. Viele Menschen geben sich sehr viel Mühe, dass die Aufspaltungen fein säuberlich aufgespalten bleiben. Wenn Betrogener und Instrument des Betrugs Freunde werden, entfällt womöglich der Hauptzweck des Dreiecks, der darin besteht, den inneren Konflikt äußerlich zu manifestieren – und nicht darin, nach innen zu schauen. Wenn das Dreieck mit Schutz oder mit Macht zu tun hat, ist es für den Betrüger wahrscheinlich notwendig, den einen gegen den anderen auszuspielen.

Wenn wir Dreiecksbeziehungen zu verstehen versuchen, blicken wir dabei durch unsere ganz persönliche Brille. Als Uranier könnten wir sagen: »Wir sollten alle Freunde sein.« Das ist vom Prinzip her erstrebenswert, die menschlichen Emotionen aber befinden sich nicht notwendigerweise in Übereinstimmung mit Prinzipien. Wir könnten ein Dreieck auch vom plutonischen Gesichtspunkt aus wahrnehmen – dann handelt es sich für uns um eine Frage von Leben und Tod. Jemand versucht etwas zu stehlen, das uns gehört, und wir werden sterben, falls wir es verlieren. Aus diesem Grund müssen wir kämpfen, und jedes Mittel ist dabei recht. Wir können Dreiecke aus neptunischer Sicht betrachten und sie als karmisch auffassen oder als eine Gelegenheit, die verschiedensten persönlichen Opfer zu bringen. Wenn wir von Jupiter geprägt sind, könnten wir sie als »eine weitere verdammte Gelegenheit für Wachstum« sehen.[2]

Das Geburts-Horoskop lässt erkennen, welche Einstellung wir zu Dreiecksbeziehungen haben, sowohl den eigenen als auch denen von anderen. Uranus versucht für gewöhnlich, Logik walten zu lassen. Für ihn sollte es möglich sein, sich mit dem Rivalen hinzusetzen und objektiv über das Leben zu diskutieren. Schließlich lieben hier beide die gleiche Person – beide haben viel gemeinsam, weil sie das Gleiche mögen. Wohlgemerkt, ich glaube nicht, dass aus Toni Wolffs Worten uranische Logik spricht, sondern eine bittere, über die Jahre aus schmerzhaften Erfahrungen gewonnene Weisheit. Warum aber fällt es so schwer, Abstand zu gewinnen?

Es erhebt sich hier die Frage: Warum beharren wir so hartnäckig darauf, allein die Rechte an jemandem zu haben? Der Bereich, in dem wir zumeist ausschließliche Rechte geltend machen, ist der sexuelle. Dreiecksbeziehungen ohne sexuelles Moment sind häufig nicht besonders problematisch. Wir mögen es unserem Partner oder der Partnerin ohne Weiteres gestatten, intellektuell, spirituell oder sogar emotional einen eigenen Weg zu gehen. Sexuell nicht der Einzige zu sein, ist dem Anschein nach sehr viel schwieriger. Vielleicht gilt dies nicht für alle Menschen, aber doch für sehr viele, sogar für die Uranier, die sich für tolerant halten oder meinen, es sein zu müssen. Warum sind wir bei der Sexualität so unglaublich verletzlich? Auf die eine oder andere Weise kommen wir mit den restlichen Dreiecksbeziehungen klar, wenn auch vielleicht mit Bauchgrimmen. Sobald aber Sexualität hineinspielt, meinen viele, es nicht mehr aushalten zu können.

Teilnehmer: Ich denke, es ist Angst. Ich weiß allerdings nicht genau, wovor.

Teilnehmer: Wir markieren unseren Besitz durch Sexualität.

Liz: Anscheinend ist dem so. Aber warum?

Teilnehmer: Es ist ein Mysterium. Ich bin nicht sicher, dass es eine Antwort darauf gibt.

Teilnehmer: Wenn es denn eine Antwort geben sollte, geht sie wahrscheinlich über das Psychologische hinaus. Vielleicht spielt etwas sehr machtvolles Biologisches hinein. Das Überleben der Gene der eigenen Linie ist etwas sehr Fundamentales und Animalisches. Es ist Teil der menschlichen Dimension von Partnerschaft.

Teilnehmer: Und was ist bei schwulen oder lesbischen Paaren?

Liz: In diesem Fall sind Dreiecksbeziehungen genauso schmerzhaft und schwierig und haben die gleichen Ursachen. Es gibt keinen Unterschied bei den Gefühlen und Motiven. Das würde die Schlussfolgerung nahe legen, dass das »Bewahren der Gene« bei der Sexualität gar nicht so wichtig ist.

Teilnehmer: Ich denke, es liegt daran, dass wir instinktgebundene Geschöpfe sind und dass es eine Bedrohung darstellt, wenn jemand anderes in unser Territorium eindringt und das nimmt, was wir als unser ansehen. Es flößt auch große Angst ein, möglicherweise keinen Wert zu haben. Wenn jemand anderes zwischen mich und meinen Partner tritt, stellt das eine Bedrohung für das dar, was ich bin. Was bin ich wert, wenn jemand anderes genauso geschätzt wird wie ich? Wenn mein Partner die gleichen Dinge bei jemand anderem haben kann, bin ich nichts Besonderes mehr.

Liz: Ich denke, dass jeder von Ihnen in irgendeiner Form Recht hat. Wir sind aber der Antwort auf die Frage, warum das Teilen in intellektueller und kreativer Hinsicht weniger bedrohlich erscheint als in sexueller, noch immer nicht näher gekommen. Es gibt Menschen, die ihren Partnern gegenüber sehr besitzergreifend sind und jeden Gedanken übel nehmen, der vor ihnen geheim gehalten wird. Sexueller Betrug aber ist für viele Leute die schlimmste Kränkung, die ihnen von der Person zugefügt werden kann, welche sie lieben. Wie jemand von Ihnen bereits angedeutet hat: Vielleicht gibt es keine Antwort. Es ist ein Mysterium. Die sexuelle Energie führt uns in Bereiche, in denen wir extrem verletzlich sind, und zwar auf eine andere Weise als auf allen anderen Lebensgebieten. Denken Sie in diesem Zusammenhang an das astrologische 8. Haus, das mit der Erfahrung des Loslassens zu tun hat, nicht nur im sexuellen Akt, sondern auch im Tod. »Loslassen« ist der entscheidende Begriff. Die sexuelle Begegnung können wir weniger als jeden anderen Bereich der Partnerschaft kontrollieren. Der Betrug führt uns wieder die Realität der Kräfte im Leben und in uns selbst vor Augen, die wir niemals zu beherrschen imstande sein werden.

Teilnehmer: Ich habe eine Zeit lang in einer spirituellen Gemeinschaft gelebt, und es gehörte sich nicht, Eifersucht zu empfinden oder sich sexuell auf einen Partner zu konzentrieren. Jeder war immer wieder mit jemand anderem zusammen. Wir hatten alle Beziehungen mit verschiedenen Leuten. Es hatte etwas turnusartiges.

Liz: Heute ist Dienstag, also ist George dran. Wie langweilig. Sie sind damit aber auf einen interessanten Punkt zu sprechen gekommen. Es gibt natürlich bei einer solchen Konstellation keine Dreiecksbeziehungen. Das transformative Potenzial, das durch den Schmerz einer solchen Beziehung hervorgerufen wird, ist hier ausgeschlossen. Es hat den Anschein, als wären Dreiecksbeziehungen notwendig für uns. So sehr wir auch schreien und heulen mögen, wir brauchen sie.

Teilnehmer: In dieser spirituellen Gemeinschaft erlosch der Funke der Sexualität – alle diese wunderbaren Gefühle, dass etwas Magisches geschieht. Sie wurde zu einer Art körperlicher Entspannung. Dreiecke helfen uns, etwas zu bewältigen. Wir suchen nach dem Gefühl, dass etwas ausgelöst wird, was immer es auch sein mag.

Liz: Vielleicht werden wir uns auf diese Art bewusst, dass da etwas in uns ist, das gelöst werden muss. Es ist schon immer dort gewesen, wir können es aber erst dann anerkennen, wenn es sich in unserem äußeren Leben manifestiert. Es ist so, als ob uns unter der Oberfläche etwas juckt – wenn es sich dann auf der Haut zeigt, können wir uns wenigstens kratzen. Bei der allgemeinen sexuellen Freizügigkeit gilt das nicht. Dreiecksbeziehungen erstrecken sich auch auf Facetten, die von anderen Beziehungen nicht berührt werden. Wir brauchen Dreiecke für unsere Seelen, wie teuer sie uns auch zu stehen kommen mögen. Sie öffnen uns und können Verborgenes über unser tiefstes inneres Wesen enthüllen. Das mag einer der Gründe sein, warum die sexuelle »Befreiung« häufig so langweilig ist. Es gibt keine Spannung und keinen Konflikt, und das Interesse schwindet. Die innere Welt ist daran nicht mehr beteiligt.

## *Polygamie, neptunische Gemeinschaften und anderer Zeitvertreib*

Teilnehmer: Könnten Sie etwas über polygame Gesellschaften und Harems sagen? Ist damit ebenfalls ein solches emotionales Durcheinander verbunden? Oder ist es mein Neptun im 4. Haus, der mich glauben lässt, dass es gleichberechtigte Beziehungen zwischen drei Menschen geben kann, wenn man ehrlich und aufrichtig ist?

Liz: Ich habe keine Antwort auf all diese Fragen. Soweit es Ihre neptunische Vision betrifft, ist vieles möglich, wenn wir den neptunischen Idealen gerecht werden könnten, die stets ein Opfer in irgendeiner Form verlangen. Bestrebungen dieser Art sind ehrenvoll und der Anstrengung wert. Die Kluft zwischen dem Möglichen und der tatsächlichen menschlichen Natur aber muss anerkannt werden. Und wir müssen uns der fundamentalen menschlichen Emotionen, die mit Mond, Mars und Pluto in Verbindung stehen, bewusst sein. Sie stellen nicht unbedingt etwas »Höheres« dar, sind aber gleichermaßen wertvoll und notwendig – und manchmal auch ehrlicher. Die neptunischen Ideale mögen nobel und schön sein, vielleicht aber überdecken sie infantile Verschmelzungsfantasien oder unbewältigte Trennungsängste. Sich neptunischen Idealen zu verweigern und die Opfer abzulehnen, die von der emotionalen Unterströmung einer Dreiecksbeziehung verlangt werden, bedeutet psychologisch oder spirituell nicht unbedingt eine Schwäche, sondern womöglich im Gegenteil ein ausgesprochenes Zeichen von Stärke.

Was Ihre Frage zu Harems und polygamen Gesellschaften betrifft: Ich habe niemals in einer solchen Gemeinschaft gelebt, ich hatte auch keine Klienten, die ein solches Leben geführt haben – insofern kann ich Ihnen nicht aus direkter Erfahrung sagen, ob es dabei Eifersucht und Rivalität gibt. Basierend auf dem, was ich aus der Literatur sowie aus individuellen Biographien entnommen habe, gibt es sie – und sie können mörderisch sein. Die Geschichte liefert viele anschauliche Beispiele. Alexander der Große hatte zwei Frauen, die erste war eine Prinzessin, die Roxane hieß, die zweite war Statira, die Tochter des persischen Königs. Beide schienen ihren Status zu akzeptieren, der der damaligen Norm entsprach. Als Alexander aber starb, war das Erste, was Roxane tat, die Rivalin zu vergiften.

Es kann sozialer Brauch sein, mehrere Frauen zu haben oder eine Frau und eine Geliebte. Die Frauen scheinen sich damit zu arrangieren, weil sie sich nicht gegen das System auflehnen können oder schwer bestraft werden, wenn sie es versuchen. Oft aber sind ein tiefer Hass oder tiefe Kränkungen gegeben, die nicht zum Ausdruck gebracht werden. In der modernen westlichen Gesellschaft können wir uns vom Partner scheiden lassen, wenn er uns untreu wird. Damit muss die untergründige Bedeutung der Dreiecksbeziehung nicht deutlicher werden – so meinen wir aber zumindest, eine gewisse Kontrolle über unser Leben zu haben. In polygamen Gesellschaften ist diese Option nicht möglich, sodass jeder gefordert ist, das Beste daraus zu machen. Im viktorianischen England war Untreue kein Anlass für Scheidungen. Eine Frau, die ihren untreuen Mann verließ, musste damit rechnen, ihre Kinder, ihr Zuhause, ihren Namen und jeglichen Besitz, den sie mit in die Ehe gebracht hatte, zu verlieren, wie offenkundig der Betrug ihres Mannes auch gewesen sein mochte, und sogar dann, wenn er sie mit Syphilis infizierte. Das war die Norm dieser Zeit. Diese Frauen waren ebenfalls gezwungen, das Beste aus den Dreiecksbeziehungen zu machen.

Wir können nicht wissen, wie sich solche Personen wirklich

fühlen, solange sie es uns nicht erzählen – und selbst wenn sie uns etwas mitteilen, muss das nicht die Wahrheit sein. Vielleicht wissen sie die Wahrheit auch nicht. Die Überzeugung, dass es möglich sein müsste, nicht monogame, offene Beziehungen führen zu können, ist so alt wie die Dreiecksbeziehung selbst. Das Gleiche gilt für das Argument, dass die menschliche Natur grundsätzlich polygam sei. Wie es im Königreich der Tiere aber auch der Fall ist, sind vielleicht einige Wesen polygamer als andere. Gänse verbinden sich für das ganze Leben – wie es manche Menschen ebenfalls tun. Katzen sind äußerst promiskuitiv, wie manche Menschen auch. Wieder sind wir bei der individuellen Charakterfrage, unabhängig davon, ob der betreffende Mensch nun im modernen London oder im rückständigen Persien leben mag. Sexuell »freie« Gemeinschaften hat es stets gegeben, immer mit der Idealvorstellung, die Gefühle der Eifersucht und der Kränkung zu überwinden und keine Wut zu spüren, was alles so typisch ist, wenn der magische heilige Bereich der sexuellen Ausschließlichkeit verletzt wird. Die Langlebigkeit des Ideals legt nahe, dass es sich um eine archetypische Vorstellung handelt. Die Langlebigkeit des Ideals der Monogamie aber lässt gleichermaßen auf ein archetypisches Bild schließen.

Jungs Dreiecksbeziehung forderte von beiden Frauen große Opfer und viel Leid. Vielleicht ist die liebevolle, harmonische Dreiecksbeziehung möglich – aber um welchen Preis? Wenn Leute behaupten, das geschafft zu haben, ist häufig eine schwer wiegende Abspaltung von den Gefühlen die Begleiterscheinung. Vielfach stellt der Betrüger diese Behauptung auf, weil er ein Interesse daran hat, den emotionalen Preis zu ignorieren, den die anderen zahlen müssen. Mir ist diese Behauptung in New-Age-Kreisen oft zu Ohren gekommen. Häufig haftet ihr etwas Unsauberes an. Wenn man sie oft genug von Gruppenleitern und Gurus gehört hat, deren Philosophie die sexuelle Ausbeutung der verletzlichen Schüler rechtfertigt, liegen zynische Reaktionen nahe. Ich habe wirklich keine Antwort. Ich bin mir bewusst, dass unsere kollektive Kultur und unsere religiösen Werte die Einstellung zur sexuellen Treue beeinflussen. Während der Mensch einstmals die Erfahrung der mystischen Einheit in der Religion suchte, will er sie nun in der menschlichen Liebe finden. Dies setzt Beziehungen unter einen enormen Druck. Wir möchten etwas von einem anderen Menschen, das möglicherweise nur aus spiritueller Anteilnahme oder kreativer Arbeit resultieren kann. Wir werden auf diesen Punkt näher eingehen, wenn wir uns mit Dreiecksbeziehungen befassen, die mit der Suche nach dem Unerreichbaren zu tun haben.

## *Dreiecksbeziehungen und sexueller Missbrauch*

Teilnehmer: Könnten Sie etwas zu Dreiecksbeziehungen und dem sexuellen Missbrauch von Kindern in der Familie sagen?

Liz: Ich sehe schon, dass es heute heiß hergehen wird. Eine destruktives Familien-Dreieck kann auf sexuellen Missbrauch schließen lassen. Missbrauch geht meist auf eine komplexe familiäre Dynamik zurück, ob nun in Form einer Dreiecksbeziehung oder nicht. Es ist immer leicht, dem Übeltäter die Schuld in die Schuhe zu schieben – für gewöhnlich aber sind hinter den Kulissen verborgene familiäre Konflikte am Werk, besonders hinsichtlich der elterlichen Verbindung. Auch wenn die Fallgeschichte des Täters bis ins kleinste untersucht wird, es tritt damit nicht das Bild in seiner Gesamtheit zutage. Dies wurde beim analytischen Ansatz in der Familientherapie klar erkannt. Ich habe in meiner analytischen Arbeit bei Fällen von sexuellem Missbrauch festgestellt, dass das missbrauchte Kind genauso viel Wut empfand für den Elternteil, der ihm keinen Schutz geboten hat, wie für den Täter selbst – oder sogar mehr. Das Gleiche gilt für das Gefühl, betrogen worden zu sein. Dies ist ein schmerzhaftes und schwieriges Thema – nichtsdestotrotz muss die Frage gestellt werden: Wo war die Mutter (oder seltener, der Vater) und warum hat sie (er) nicht gemerkt, was geschah? Und was ist, wenn sie (er) es gemerkt hat, aber schwieg? Manchmal entspringt der Missbrauch eines Kindes dem Wunsch, den Partner zu verletzen, herabzusetzen oder an ihm Rache zu nehmen. Das in die Rolle des Objekt des Betrugs gedrängte Kind wird als Mittel benutzt, denjenigen zu kränken, dem die Wut wirklich gilt.

Jeder Fall von Missbrauch hat seinen besonderen Hintergrund. Wenn man die Geschichte einer solchen Familie kennen gelernt hat, merkt man, dass mit Ausnahme des Kindes niemand unschuldig ist. Ich glaube nicht, dass irgendein Kind zum Missbrauch einlädt. Kinder mögen erotische Gefühle zeigen, sie sind aber nicht darauf aus, mit einem kokettierenden Verhalten den Erwachsenen zu sexuellen Aktivitäten anzuregen. Dass sie aber zu einem kokettierenden Verhalten neigen, steht außer Frage. Wenn die familiäre Dynamik explosiv ist und sich genug Wut und Destruktivität angesammelt hat, könnte das Kind ungewollt derjenige sein, der unter der Explosion zu leiden hat. Das Streichholz, das das Pulverfass anzündet, ist womöglich die ödipale Neigung des Kindes, häufiger allerdings der Alkoholkonsum eines Elternteils. Es können hier viele Faktoren hineinspielen. Ein religiöser Hintergrund, der den Familienmitgliedern unmenschliche sexuelle Einschränkungen auferlegt, könnte ebenfalls eine Ursache sein, die kaum mit einer Dreiecksbeziehung zusammenhängt. In den Zeitungen waren da in letzter Zeit einige besonders widerwärtige Beispiele zu lesen, unter anderem von Waisenkindern, die von ihren Betreuern – sowohl männlichen als auch weiblichen Geschlechts – in religiösen Gemeinschaften missbraucht wurden.

Wie sich aus Statistiken ablesen lässt, ist derjenige, der den Missbrauch begeht, womöglich selbst als Kind missbraucht worden. Daraus resultiert häufig das Thema Macht, das zu dem Wunsch führen kann, selbst Misshandlungen vorzunehmen. Der kindliche Missbrauch muss nicht in jedem Fall mit einer Dreiecksbeziehung zu tun haben, wie wir sie hier heute diskutieren; er könnte sich auf etwas beziehen, das zwischen den Eltern schwelt, oder auf ein Sündenbock-Muster, das in der familiären Psyche begründet liegt. Ich glaube aber nicht, dass das Leiden des Opfers ein Ende haben kann, bevor nicht die familiäre Dynamik in ihrer Gesamtheit verstanden wird. Solange ist auch kein wahres Verzeihen sich selbst und anderen gegenüber möglich. Es ist allzu einfach, den Finger auszustrecken und auf denjenigen zu deuten, der den Missbrauch begangen hat. Das lässt aber den Schmerz nicht enden. Vielleicht haben einige von Ihnen, die sich mit dieser Erfahrung auseinander setzen mussten, daran in therapeutischer Form gearbeitet. Das Gefühl, missbraucht worden zu sein – nicht nur vom Übeltäter, sondern vom anderen Elternteil auch –, deutet häufig auf etwas hin, dem man nicht ins Auge zu schauen wagt. Diese Konfrontation tut aber not. Dabei erstreckt sich die Familiengeschichte weit über die Eltern hinaus, zwischen denen ein unbewusstes oder quasi unbewusstes Einverständnis bestehen mag. Jemandem die Schuld zu geben ist letztendlich keine Lösung. Der kindliche Missbrauch ist ein Fass ohne Boden, an dem sich soziale Institutionen abmühen, ohne ihn tatsächlich zu verstehen. Ich bin der Ansicht, dass die Heilung davon abhängt, die familiäre Situation in ihrer Gesamtheit zu erkennen, nicht davon, dem Übeltäter die Schuld zuzuweisen. Das familiäre Dreieck ist dabei lediglich ein Teil des Bildes, wenn es denn überhaupt eine Rolle spielt.

Natürlich brennen einige von Ihnen darauf zu fragen, ob der Missbrauch des Kindes im Horoskop »zu sehen« ist.

Teilnehmer: Genau, diese Frage wollte ich gerade stellen.

Liz: Ich glaube, dass es unmöglich ist, in einem Horoskop zwischen psychologischen und physischen Ereignissen in der Kindheit zu unterscheiden. Gleichermaßen kann man aus dem Horoskop nicht ableiten, wie bewusst sich die Eltern des Musters sind, das sie für ihr Kind verkörpern. Die Planeten beschreiben den archetypischen Kern des Musters, nicht, ob oder in welcher Form es konkretisiert wurde. Und falls wir das Gefühl haben sollten, dass es auf die eine oder andere Weise zum Missbrauch gekommen ist, mag er sich auf eine sehr subtile Weise vollzogen haben. Die Verletzung der kindlichen psychischen Grenzen könnte vollkommen unbewusst und unbemerkt vor sich gegangen sein, weil kein »Ereignis« stattgefunden hat. Einige Astrologen bestehen darauf, das diese oder jene Konfigurationen den Missbrauch des Kindes anzeigen. Ich stimme nicht mit ihnen überein.

Das Kind erlebt einen Elternteil vielleicht als machtvoll, kontrollierend oder vereinnahmend – dann gehen wir von einem schwierigen Pluto aus. Oder jemand erlebt den Vater oder die Mutter auf die eine oder andere Weise als aggressiv oder gewalttätig. Dann ist damit zu rechnen, auf einen unglücklichen Mars zu stoßen. Schwierige Beziehungen zwischen Mars-Pluto oder Mars-Chiron könnten, wenn diese Eltern-Signifikatoren sind, auf Gefühle schließen lassen, überwältigt, gedemütigt oder manipuliert zu werden. Mars-Neptun kann auf den Eindruck hinweisen, ein Opfer zu sein. Manchmal ist der physische Missbrauch die Form, durch die sich derartige Erfahrungen einstellen; meist aber ist das nicht der Fall. Mars-Pluto im 4. Haus kann einen Vater beschreiben, der anständig und fürsorglich ist, allerdings eine Art Manager darstellt, der daran gewohnt ist, seine Mitmenschen herumzukommandieren. Ein Elternteil kann durch derartige planetarische Kombinationen geprägt sein und vom Kind als positiver Ausdruck des betreffenden archetypischen Musters wahrgenommen werden. In diesem Fall hätte es die Mutter oder der Vater geschafft, die Macht und Energie von Pluto und Mars oder die kreative Phantasie von Mars und Neptun oder die Beschränkungen und Zähigkeit von Mars und Chiron in Übereinstimmung zu bringen, und zwar auf eine konstruktive Weise, die dem Kind hilft, sich mit den besten Eigenschaften dieser Aspekte zu identifizieren.

Das 8. Haus kann machtvolle Begegnungen mit den Kräften des Unbewussten anzeigen; Chiron, Mars, Pluto und manchmal auch Uranus in Verbindung damit können ein psychisches Erbe symbolisieren, das explosiv ist und bereits während der Kindheit hervorbricht. Der Ausbruch bezieht sich womöglich aber auf die Emotionen und manifestiert sich nicht konkret; und er muss nicht notwendigerweise eine Erfahrung oder das Gefühl bedeuten, missbraucht worden zu sein. Häufig lässt die Betonung des 8. Hauses auf den frühen Tod eines Elternteils schließen, auf die Trennung der Eltern, die schwer zu ertragen war, oder auf andere familiäre Störungen – die Krankheit eines Bruders oder einer Schwester, der psychische Zusammenbruch eines Verwandten, die Alkohol- oder Drogenprobleme bei den Eltern. Solche Erfahrungen konfrontieren das Kind schon sehr früh mit dem Bereich des Unbewussten. Sie lehren ungeheuer viel darüber, wo die Grenzen der individuellen Ego-Kontrolle liegen.

Die kindlichen ödipalen Fantasien können, wenn sie grundsätzlich auch positiv sein mögen, die Wahrnehmung des Verhaltens und Charakters eines Elternteils färben. Venus-Pluto im 4. Haus beschreibt eine starke emotionale Hingezogenheit zum Vater. Wir können aber nicht vom Horoskop aus schließen, ob der Vater darauf reagiert hat oder auf welcher Ebene er das tat oder ob die sexuelle Begegnung, wie sie viele Jahre später von der Tochter oder vom Sohn erinnert wird, nicht eine reine Fantasievorstellung ist. Es hat in den Medien in letzter Zeit viele dubiose Veröffentlichungen über die »Erinnerung« an einen Missbrauch gegeben, der viele Jahre zurückliegt. Wie viele von diesen Fällen stimmen wirklich, wie viele sind Fantasie? Wie viele sind »wahr« auf der unbewussten psychischen Ebene, aber »unwahr« im konkreten Sinn? Wie viele sind das Produkt der Wut eines Erwachsenen, der sich für das kindliche Gefühl der Zurückweisung als Kind mit der mächtigsten und schmutzigsten Waffe rächen will, die er finden kann? Wie viele beruhen auf Vorstellungen, die die unerwiderte Liebe des Kindes widerspiegeln? Wir wissen es nicht, solange wir uns nicht mit jedem Fall individuell auseinander setzen – und selbst dann erfahren wir womöglich niemals die ganze Wahrheit. Dieses Thema ist im Augenblick vielen manipulativen Einflüssen durch Therapeuten und soziale Institutionen ausgesetzt, vielleicht sogar noch mehr von Anwälten. Es stellt sich manchmal die Frage, wer der wahre Übeltäter ist.

Teilnehmer: Ich hätte gedacht, dass bei Kindesmisshandlungen und Familien-Dreiecken Mars beteiligt sein muss.

Liz: Wenn ein Missbrauch in der einen oder anderen Form stattgefunden hat, ist Mars häufig Eltern-Signifikator. Das wird im Rückblick klar. Mars für sich allein lässt aber nicht auf Missbrauch schließen – nicht mehr als jeder andere Planet auch. Der entscheidende Faktor ist, ob sich die Eltern dessen bewusst oder nicht bewusst waren und wie sie selbst mit Mars umgegangen sind. Das ist nicht im persönlichen Horoskop angezeigt, welches nur das archetypische Wesen des Planeten darstellt, das als Erbe zum Ausdruck kommt und vom Vater oder von der Mutter auch sehr positiv verkörpert werden kann. Mars im 4. oder im 10. Haus oder im Aspekt zu Sonne oder Mond muss nicht zwangsläufig auf eine Dreiecksbeziehung mit den Eltern hindeuten. Später, wenn wir uns mit solchen Beziehungen als ungelebtes psychisches Leben befassen, werden wir sehen, dass Mars sehr häufig seinen Anteil an Dreiecksbeziehung hat, was aber für jeden Planeten gelten kann. Das hat mehr damit zu tun, dass wir etwas von uns selbst nicht leben können oder wollen als damit, dass der Planet als solcher uns zu derartigen Beziehungen neigen lässt. Mars und seine Zeichen – besonders der Widder, zu einem gewissen Maß auch der Skorpion – sind von ihrem Wesen her konkurrenzorientiert. Sie brauchen das Gefühl, gewinnen zu können, und wenn es keinen Bereich gibt, in dem sie sich durch ihre persönliche Überlegenheit auszeichnen können, kann der Sieg über einen Rivalen in einer Beziehung ein guter Ersatz sein. Dabei ist der Sieg über den Konkurrenten das Entscheidende, nicht das Liebesobjekt, um das dem Anschein nach gekämpft wird.

Manchmal herrscht bei Mars im 4. oder im 10. Haus ein Konkurrenzkampf zwischen Elternteil und Kind. Allerdings schließt ein solcher Kampf nicht unbedingt Rivalität hinsichtlich der Liebe ein. Eltern und Kind kämpfen vielleicht darum, wer stärker oder cleverer ist, ohne sich auf einen offenen Kampf um den anderen Elternteil einzulassen. Überdies müssen für eine Neigung zu Dreiecksbeziehungen auch Venus, Mond oder Neptun als Eltern-Signifikator in Erscheinung treten – Mars allein bedeutet keine emotionale Anziehung. Der Widder scheint insofern etwas Ödipales zu haben, als er den Wettkampf liebt und sich seiner Lebendigkeit dadurch versichert, dass er über andere triumphiert. Das Widder-Kind könnte regelmäßig die Bestätigung suchen, dass es am meisten geliebt wird, und womöglich sieht es andere Familienmitglieder als seine schärfsten Konkurrenten. Das wahre Widder-Bedürfnis liegt aber darin, sich der eigenen Macht zu versichern. Wenn in den Horoskopen der Familie das Zeichen Widder betont ist, aber wenig Gelegenheit besteht, Unabhängigkeit und einen missionarischen Geist zum Ausdruck zu bringen, könnte diese Rivalität prägend für das Zusammenleben wirken. Ein kreativ frustrierter Erwachsener mit der Sonne im Widder ist vielleicht fortwährend an Dreiecksbeziehungen beteiligt, weil er ein Gefühl der Macht braucht. Ödipale Niederlagen im Kindesalter können zu einem Kompensationsmuster führen, bei dem der Mensch anderen immer wieder deren Liebesobjekte »nimmt«. In diesem Sinn kann Mars sehr wohl eine Neigung zu Dreiecksbeziehungen bedeuten.

# Macht-Dreiecke

## *Pluto und Macht*

Liz: Ich denke, wir haben uns lange genug mit familiären Dreiecksbeziehungen beschäftigt. Ich habe vieles ausgelassen, Sie müssen sich nun Ihre eigene Meinung bilden. Wenngleich Familien-Dreiecke die »Ursache« für spätere emotionale Schwierigkeiten sein können, sind sie doch nicht wirklich für die Neigung zu Dreiecksbeziehungen verantwortlich. Ich denke, Ihnen ist das nun klar. Wir sollten uns jetzt mit den anderen Arten von Dreiecksbeziehungen auseinander setzen und danach einige Horoskope betrachten, um zu sehen, ob diese astrologischen Muster zum Ausdruck kommen und wie sie das tun.

Dreiecksbeziehungen, die sich aus einem Schutzbedürfnis oder Machtdrang ergeben, können aus familiären Dynamiken hervorgehen oder auch deren Bestandteil sein; darüber hinaus weisen sie auf grundlegende Wesenseigenschaften hin. Familien-Dreiecke gründen sich aber ebenfalls auf fundamentale Wesenseigenschaften, und das Ursache-Wirkungs-Prinzip ist lediglich eine – und möglicherweise nicht einmal die wichtigste – Perspektive, aus der man die menschliche Entwicklung betrachten kann. Bei familiären Dreiecken aber ist für gewöhnlich eine »äußerliche« Situation gegeben, die die innere Dynamik zu einem mehr oder weniger großen Ausmaß widerspiegelt. Sie muss erforscht und verstanden werden, wenn es emotional zu einer Lösung und Weiterentwicklung kommen soll. Wie auch immer – das vom Horoskop angezeigte Familien-Dreieck muss nicht stark ausgeprägt sein. Schutz- und Macht-Dreiecke dagegen haben mit individuellen Erfordernissen für das psychische Überleben zu tun, die zu bestimmten zwanghaften Mustern führen können, wenn das Überleben aufgrund der emotionalen Verletzlichkeit infrage gestellt zu sein scheint.

Die Neigung zu Macht-Dreiecken könnte mit einer starken Pluto-Betonung im Horoskop zusammenhängen. Selbst Venus-Pluto kann das anzeigen, sogar dann, wenn die beiden Planeten keine Eltern-Signifikatoren sein sollten. Das muss wiederum nicht heißen, dass jeder Mensch mit einem starken Pluto in Dreiecksbeziehungen verwickelt sein wird. Falls dem so sein sollte, dürften Ihnen die Gründe klar sein, wenn Sie das Wesen von Pluto erfasst haben. Das eigene Leben zu kontrollieren ist für den Plutonier von grundlegender Wichtigkeit. Droht ein Verlust oder eine Demütigung, ist diese Kontrolle verloren gegangen, was zerstörerisch wirken kann. Für Pluto ist alles eine Sache von Leben und Tod. Leben ist kein Spaß – immerhin steht dabei die Existenz auf dem Spiel. Eines der Mittel, durch das der Plutonier die Kontrolle wiederzugewinnen versucht, ist die Aufteilung seiner Zuneigung. Damit stellt er sicher, dass er mehr als nur ein Eisen im Feuer hat: Geht eine Beziehung zu Ende, gibt es immer noch eine andere. Der Plutonier spielt häufig die Rolle des Betrügers, weil sie ihm im Macht-Dreieck die Illusion von Kontrolle verschafft.

## *Venus-Pluto: Lieben im Übermaß*

Venus-Pluto-Aspekte sind emotional alles andere als seicht oder unbeständig. Von seinem Wesen her geht ein solcher Mensch tiefe und intensive Bindungen ein, ist außerordentlich treu und lässt nicht ohne Weiteres los. Der oder die Geliebte ist für das Überleben von fundamentaler Wichtigkeit. Und doch könnte hier – bewusst oder unbewusst – der Eindruck bestehen, dass es allzu heikel ist, diese Art von Intensität auf nur eine Person zu richten. Für gewöhnlich liebte das Kind in diesem Fall einen Elternteil tief und innig und fühlte sich allein gelassen oder gedemütigt, weil der Vater oder die Mutter darauf nicht mit der gleichen Intensität antworten konnte oder wollte. Wenn wir in einem Horoskop Venus-Pluto finden, spürt die betreffende Person nicht erst als Erwachsene intensive leidenschaftliche Emotionen. Das grundsätzliche Wesen ist der Weg, mit dem sie anfängt, und so viel Liebe die Eltern ihr auch zeigen mochten, wahrscheinlich war es nicht genug. Geschwister und häufig auch der andere Elternteil können als eine Bedrohung der emotionalen Ausschließlichkeit gesehen werden, nach der Venus-Pluto sucht.

Venus-Pluto schließt sich zumeist einem bestimmten Familienmitglied – wenn nicht einem Elternteil, dann vielleicht einer Schwester oder dem Bruder – mit enormer Hingabe an. Das Gefühl der Ablehnung, den Verlust des Liebesobjekts durch Tod oder Trennung oder eine demütigende ödipale Niederlage vergisst Venus-Pluto nie. Es gibt einen inneren Mechanismus, der sagt: »Niemals wieder werde ich so verletzlich sein!« Später im Leben wird der Venus-Pluto-Betrüger dafür sorgen, dass es mindestens zwei Menschen in seinem Leben gibt: Stellt sich nämlich einer davon seinerseits als Betrüger heraus, bleibt immer noch der andere übrig. Die verunsicherte Venus-Pluto-Person könnte ihrerseits unbewusst versuchen, den Partner durch die Drohung oder die Existenz eines Rivalen im Ungewissen zu lassen. Auch das schafft womöglich die Illusion von emotionaler Kontrolle. Pluto kann mit ernst gemeinten psychologischen Tricks versuchen, die Kontrolle zu erlangen. Und mehr als jeder andere sorgt der Plutonier irgendwie dafür, dass der Partner der Existenz der anderen Person gewahr wird.

Pluto braucht das Drama, um sich lebendig zu fühlen, und es gibt nichts Dramatischeres als die Konfrontation der Leidenschaften, wie wir sie in der Dreiecksbeziehung erleben. Der Plutonier braucht womöglich das Dreieck nicht nur deshalb, weil es ihm in der Beziehung eine Machtstellung verschafft, sondern auch, weil es ihm den Eindruck vermittelt, im Brennpunkt des Lebens zu stehen. Alle sinnlichen Wahrnehmungen sind geschärft, jede Emotion von Leben erfüllt, selbst dann, wenn es schmerzhaft und bedrohlich wirkt. Die Erfahrung der Intensität und des Dramas, nach dem Venus-Pluto sucht, mag allerdings auf der unbewussten Ebene ablaufen. Häufig lebt der Partner, der die ruhige partnerschaftliche Koexistenz durch einen Seitensprung erschüttert, genaus das aus, was der Betrogene eigentlich selbst tun möchte. Wenn die Leidenschaft der Venus-Pluto-Person aus irgendeinem Grund blockiert ist, könnte sie durch den Partner zum Ausdruck kommen, der die leidenschaftliche, ungebührliche Begegnung vollzieht, nach der sie sich gesehnt hat.

Venus-Pluto bedeutet nicht, dass unbewältigte Probleme mit den Eltern später Dreiecksbeziehungen »verursachen« werden. Frühe Erfahrungen des Unglücks mögen zu Misstrauen und einem übersteigerten Kontrollbedürfnis führen – Venus-Pluto aber beschreibt eine innere Qualität, eine *Antwort* auf die Umgebung der ersten Jahre, die das Kind dazu bringen kann, die Familie als einen Kriegsschauplatz aufzufassen, auf dem um die Macht gekämpft wird und sich demütigende Niederlagen ergeben. Das erklärt, warum der eine Mensch eine »schöne Kindheit« hatte und ohne Narben davongekommen ist, während der andere die ödipale Niederlage nicht vergessen kann, welche dann später die Gefühle und Sexualität prägt. Venus-Pluto »verursacht« keine Dreiecke, zeigt allerdings eine enorme emotionale Intensität an sowie die Tendenz, Liebe mit Überleben gleichzusetzen. Die Intensität und Leidenschaft von Venus-Pluto sind grundlegende Charaktermerkmale. Wir befinden uns jetzt in dem Bereich »Charakter gleich Schicksal«, und vielleicht erkennen wir allmählich die innere Zwanghaftigkeit, die uns in höchst selektiver und individueller Form die Erfahrungen der Kindheit wieder ins Gedächtnis ruft und noch einmal durchleben lässt.

Venus-Pluto kann auch der Betrogene sein, der einen Partner findet, welcher für ihn den Betrug auslebt. Dies kann auf der unbewussten Ebene mehrere Zwecke haben. Vielleicht besteht das obsessive Bedürfnis, eine kindliche Erfahrung der Erniedrigung neu zu erschaffen, um die ursprüngliche Kränkung zu verarbeiten. Man träumt von jemand, der die eigene Intensität und Hingabe akzeptiert und schätzt. Das Misstrauen und die Eifersucht des Betrogenen mit einer Venus-Pluto-Verbindung aber könnten – unglücklicherweise – dafür sorgen, dass es niemals zur erhofften Erlösung kommt. Der Partner mag sich bedrängt fühlen und sich zurückziehen – und man erzeugt das, was man am meisten fürchtet. Das ist eine harte Lektion, und viele Menschen lernen sie nie. Wenn man nach einem Partner sucht, um eine Kindheit zu korrigieren, fühlt dieser sich wahrscheinlich benutzt, was nachvollziehbar ist. Häufig führt das zur Rebellion gegen die Rolle, die einem in diesem Falle auferlegt wurde.

Der Part des Betrogenen führt zu einer besonderen Form von Kontrolle. Derjenige, der in der Lage ist, anderen Schuld aufzuladen, kann sehr viel Macht ausüben. Ein hingebungsvoller und betrogener Partner zu sein ist ein effektives Mittel, hohe Forderungen zu stellen, was Pluto schamlos dazu nutzen kann, die geliebte Person an sich zu binden. Wenn uns der Partner etwas angetan hat, das unverzeihbar ist, können wir ihn immer daran erinnern. Wir können damit seine Selbstsicherheit untergraben, seine Freiheit beschneiden und ihn auf tausend Weisen wissen lassen, dass er uns dafür etwas »schuldig« ist: »Du hast mich unglücklich gemacht. Du hast mich so sehr verletzt, dass es kaum zum Aushalten ist. Ich werde dir erst dann verzeihen, wenn du es wieder gut gemacht hast.« Pluto führt manchmal zu einer gewissen Art von Märtyrertum, allerdings auf eine ganz andere Weise, als es bei Neptun der Fall ist.

Der Pluto-Betrogene könnte insgeheim an einem Partner interessiert sein, der sich nicht binden will. Mir ist dies oft aufgefallen, wenn Venus-Pluto im Horoskop von einer ganz anderen

Konstellation wie Venus-Uranus oder Mond-Uranus begleitet wird. Dies lässt auf einen Konflikt zwischen einer Seite der Persönlichkeit schließen, die Raum und Freiheit braucht, und einer anderen, die zu einer tiefen und dauerhaften Verbindung mit dem Objekt der Liebe neigt. Manchmal binden sich zwei Menschen mit dieser Aspekt-Kombination aneinander, bei denen die Rollen von Betrüger und Betrogenen vollkommen austauschbar sind. Jeder kann dann die unbewusste Seite des anderen zum Ausdruck bringen. Vielleicht befindet sich aber die Venus im Aspekt zu Pluto und daneben noch zu Saturn oder Chiron, und man entscheidet sich für einen Partner, bei dem man im tiefsten Inneren weiß, dass keine wahre Verbindung möglich ist. Dabei besteht häufig die feste Überzeugung, in einer befriedigenderen Beziehung unweigerlich irgendwann vom Partner verlassen zu werden. Von Anfang an keine Erwartungen zu hegen scheint dann besser zu sein als das Risiko einzugehen, das Gewünschte zu bekommen und es wieder zu verlieren.

## *Auge um Auge*

Der Plutonier kann aber auch das Objekt des Betrugs sein, wobei das Thema Macht augenfällig ist. In eine Beziehung einzudringen lässt emotionale und sexuelle Macht erkennen; es mag auch ein unbewusster Art der Rache denen gegenüber sein, die den oder die Betreffende als Kind kränkten. Wie Ihnen allen klar sein dürfte, bedeutet diese rauere Seite der plutonischen Liebe nicht zwangsläufig, dass Venus-Pluto an sich negativ oder »schlecht« wäre. Die Ablehnung seiner Gefühle sieht ein solcher Mensch als Verneinung seines Selbstes. Wenn der Betreffende sich dessen nicht bewusst genug ist, mag er den Zwang spüren, gegen alles und jedes zu Felde zu ziehen, damit seine Welt wieder ins Lot kommt und er sich wieder mächtig und seiner selbst gewiss fühlen kann.

Rache ist in der christlichen Lehre verpönt; mit dem Alten

Testament aber könnten wir sehr wohl sagen: Auge um Auge, Zahn um Zahn. Pluto gibt keinen guten Christen ab. Ablehnung sieht er als etwas Demütigendes und Lebensbedrohliches, und vielleicht meint er, dass seine Seele Rache und Vergeltung nötig hat. Wer seinerseits nicht plutonisch geprägt ist, kann kaum verstehen, wie machtvoll der Drang sein kann, Kränkung mit Kränkung zu vergelten. Ich glaube nicht, dass jemand das moralische Recht hat, dies zu beurteilen. Es gibt Zeiten, in denen Rache psychologisch notwendig und sogar heilsam sein kann. Wenn wir aber in eine Dreiecksbeziehung verwickelt und plutonisch geprägt sind, ohne uns der damit einhergehenden emotionalen Intensität bewusst zu sein, werden wir manchmal nicht wissen, warum wir so oder so handeln und welche Konsequenzen daraus hervorgehen.

Teilnehmer: Kann die Skorpion-Venus die gleiche Neigung anzeigen? Und was ist mit der Venus-Stellung im 8. Haus?

Liz: Die Venus im Skorpion kann auf einige der Tendenzen von Venus-Pluto schließen lassen, vorausgesetzt, andere Faktoren des Horoskops wie zum Beispiel Mond-Pluto unterstützen das. Wer die Venus im 8. Haus hat, könnte ebenfalls den Weg in die Dreiecksbeziehung finden. Das hat aber weniger mit emotionaler Intensität zu tun als mit dem Bedürfnis, durch das transformative Feuer der Krise ein tieferes und umfassenderes Verständnis von Liebe zu entwickeln. Wir sind bei Planeten im 8. Haus immer gefordert loszulassen – indem wir das anerkennen, was nicht zu ändern ist. Das 8. Haus, das uns als Teil des umfassenderen Lebens der Natur beschreibt, fordert das Ego heraus. Der persönliche Wille wird konfrontiert mit dem, was wir nicht kontrollieren können, und dadurch verändern wir uns. Die Häuser sind die Bereiche des Lebens, in denen wir die »Götter« erleben, welche die grundsätzlichen Muster unserer innerlichen Entwicklung repräsentieren. Im 8. Haus kann uns die Venus mit unfassbaren Lebenserfahrungen konfrontieren, die sich wie Schicksal anfühlen und die uns – für gewöhnlich auf unbewusste Art – erkennen lassen, dass nicht unser Ego bestimmt, was geschieht. Das gilt sogar für die Stellung in einem friedliebenden Zeichen wie dem Stier oder der Waage. Die Venus wird durch die Erfahrungen des 8. Hauses geläutert, wodurch sie weiser, demütiger und tiefgründiger wird. Dreiecksbeziehungen stellen ein optimales Tor dar für diese Erfahrung des läuternden Feuers. Aber auch andere Erfahrungen wie zum Beispiel der Verlust von geliebten Menschen können den Prozess verkörpern, dem die Venus im 8. Haus unterworfen ist.

## *Die Angst vor Intensität*

Teilnehmer: Ich würde gern besser verstehen, warum man vor emotionaler Intensität Angst haben kann. Vielleicht kann ich das nicht verstehen, weil ich ein Fisch bin. Es ist das, was ich das Lohnendste am Leben finde. Ich habe außerdem noch die Venus im Widder, im Trigon zu Pluto. Ich kann mir nicht vorstellen, auf dieses intensive Zusammensein mit Menschen zu verzichten, selbst wenn sie mich verletzen.

Liz: Sie haben wie ein wahres Wasserzeichen gesprochen! Das Gefühl ist in Ihrem Leben das Fundament, auf das sich alles andere gründet, und folgerichtig haben Sie ihm ewige Treue geschworen. Nicht alle Menschen aber sind unter Wasserzeichen geboren. Und selbst bei denjenigen, die es sind, mögen andere Horoskop-Faktoren gegeben sein, die zu Konflikten führen. Aus Ihren Worten spricht, dass Sie keine Angst vor Venus-Pluto haben. Sie fühlen sich davon vielleicht bereichert, weil Sie sie in Ehren halten und bereit sind, einen Preis dafür zu zahlen. Nicht jeder aber ist dazu in der Lage, und nicht immer sind dafür »pathologische« Gründe verantwortlich. Wenn die emotionale Intensität durch Angst unterdrückt wird, könnte sie sich durch Macht-Dreiecke manifestieren. Für einen Plutonier, dem als Kind viele Wunden zugefügt worden sind, mag sich das Risiko weiterer Demütigungen dem Anschein nach nicht lohnen. Es steht uns nicht zu, solchen Menschen zu sagen, dass sie das Risiko eingehen sollten – wir wissen nicht, wo ihre Grenzen liegen. Die Wasserzeichen verfügen über sehr viel emotionale Stärke, vielleicht weil sie es weniger schlimm finden zusammenzubrechen. Luftbetonte Menschen weisen kein solches Beharrungsvermögen in emotionalen Krisen auf, sie haben Stärken auf anderen Gebieten. Sie brauchen sehr viel länger, um ein emotionales Desaster zu verarbeiten. Dabei können sie sich in ihren Reaktionen beherrscht zeigen und kein großes Aufhebens von der betreffenden Sache machen. Manchmal unterdrücken sie ihre Gefühle über sehr lange Zeit.

Luft-Menschen haben häufig sehr hohe Moralvorstellungen, die die Art von dramatischen Emotionen unmöglich machen, welche Venus-Pluto so liebt. Nichtsdestotrotz können auch sie zum Betrüger werden. Diese Moralvorstellungen haben mehr damit zu tun, dass man die Gefühle spürt und zum Ausdruck bringt, die man für »richtig« hält. Man kann einen solchen Menschen nicht auffordern, diese ethischen Vorstellungen abzustreifen –sie sind so typisch für Luft wie das Bedürfnis nach intensiver Nähe für Wasser. Venus-Pluto in einem luftbetonten Horoskop braucht im Allgemeinen subtilere Kanäle wie zum Beispiel die künstlerische Ausdrucksform; der Stoff der intensiven emotionalen Begegnung ist meist zu rau, als dass solche Personen damit umgehen könnten. Alternative Kanäle zu finden bedeutet nicht, die Gefühle zu unterdrücken. Die Furcht, zerstört zu werden, ist bei einem starken Pluto immer gegeben, selbst in einem wassergeprägten Horoskop. Sie wohnt diesem Planeten inne, und ich bezweifle, dass diesbezüglich eine Heilung möglich ist. Wenn wir etwas begehren und schließlich bekommen, können wir es wieder verlieren und leiden dann mehr, als ob wir es niemals gehabt hätten. Hat jemand von Ihnen den Film *Späte Liebe (Shadowlands)* gesehen? Die Erfahrung lehrt uns, dass wir irgendwie am Leben bleiben – und dass es bekanntlich besser ist zu lieben und dann den oder die Geliebte zu verlieren statt niemals die Liebe kennen zu lernen. Die Erfahrung mag uns aber ebenfalls Misstrauen lehren und uns erkennen lassen, dass wir zwangsläufig Kummer und Verluste erleben werden.

Teilnehmer: Das ist wahr. Ich habe verschiedene schmerzhafte, dramatische emotionale Begegnungen durchgemacht, und ich weiß jetzt, dass ich weiterlebe und dass ich nicht auf sie verzichten möchte. Als ich jünger war, hatte ich aber sehr viel Angst. Ohne meine spirituellen Überzeugungen hätte ich mich vielleicht zum Zyniker entwickelt.

Liz: Wenn Venus-Pluto in einem Horoskop in Erscheinung tritt, zugleich aber sehr viel Angst vor dem damit verbundenen Preis besteht, könnte der Konflikt bestimmte psychologische Mechanismen in Gang setzen, Dreiecksbeziehungen eingeschlossen. Wenn Venus-Pluto keinen anderen Kanal zur Verfügung hat, ist die Dreiecksbeziehung vielleicht das einzige Mittel, zum Ausdruck zu kommen. Welche anderen Kanäle wären denkbar? Die Liebe fürs Dramatische, für das Leben im Brennpunkt muss befriedigt werden. Venus-Pluto braucht womöglich auch eine lebendige Dreiecksbeziehung, in der der dritte Punkt etwas nicht Menschliches ist, dem man sich mit Haut und Haaren verschreiben kann. Bei einem langweiligen, oberflächlichen Leben sehnt man sich mit Venus-Pluto nach Aufregung – was umso mehr bei Spannungsaspekten gilt. Früher oder später sprengt diese Person die Ketten – oder aber der Partner tut es.

Ich kann nicht genug betonen, dass nicht notwendigerweise wir selbst etwas Unbewältigtes von uns zum Ausdruck bringen müssen. Unbewusst entscheiden wir uns vielleicht für eine Person, die dieser Rolle perfekt entspricht. Oder wir bearbeiten sie so lange, bis sie der Rolle gerecht wird. Natürlich muss sie eine gewisse Anlage dazu haben, sonst gibt es nichts, an dem wir arbeiten könnten. Viele Teile von uns würden aber weiterhin im Verborgenen schlummern, wenn nicht der Zwang der inneren Entwicklung uns mit bestimmten Erfahrungen konfrontieren würde. Wir sollten niemals die Kraft der Projektionen unterschätzen, die wir auf unseren Partner oder langjährige Freunde richten. Wenn wir uns dieser nicht bewusst sind, können wir aus einer umgänglichen, friedliebenden Person einen Menschen machen, der eifersüchtig, argwöhnisch und besitzergreifend ist. Das ist nicht einmal so schwierig. Wir müssen dazu nur ständig an seinem Selbstvertrauen kratzen und uns hüten zu zeigen, dass wir ihn begehren. Wir dürfen ihm nie das Kompliment zuteil werden lassen, das er in einem kritischen Augenblick braucht. Und keine Leidenschaft zeigen und ihn immer im Ungewissen halten, indem wir ihn wissen lassen, dass an der nächsten Ecke schon jemand anderes wartet. Mit plutonischer Ausdauer machen wir dann aus einem Diamanten einen Kieselstein.

# Schutz-Dreiecke

## *Saturn und ständige Zurückweisung*

Wir wollen uns jetzt näher damit befassen, wie wir uns nahe stehende Menschen dazu bewegen, das zum Ausdruck zu bringen, was eigentlich Teil unseres inneren Dramas ist. Als Beispiel stellen wir uns eine abweisende Mutter vor. Das betreffende Kind könnte eine Mond-Saturn-Verbindung oder den Saturn im 10. Haus im Horoskop haben – damit war die Mutter, die es brauchte, dem Anschein nach kalt oder unempfänglich oder kritisierte sehr viel. Das hat zu Wunden und einer Einstellung zu sich selbst geführt, die von Kälte, Unsensibilität und sehr viel Kritik geprägt ist. Es braucht seine Zeit, bis man dies erkennt und sich bewusst macht. Lange Zeit könnte man der Ansicht sein, dass diese Wunde eine rein äußerliche ist – was zum Versuch führen würde, sie von außen her heilen zu lassen, indem man sich für Menschen interessiert, die ebenfalls kalt und unzugänglich wirken. Unbeirrbar glauben wir, dass jemand den Schmerz lindern wird, indem er uns das richtige Maß an Wärme und Zuneigung zuteil werden lässt. Mit anderen Worten: Dass jemand anderes das gibt, was die Mutter nicht gegeben hat, damit man endlich lernen kann, sich selbst zu lieben und schätzen. Leider funktioniert das meist nicht. Wenn man einen entsprechenden Partner haben sollte, wird man es mit einem solchen Komplex binnen sechs Monaten schaffen, dass er sich verschließt. Das geht auf eine vollkommen unbewusste Weise vor sich. Wenn aber die permanente Erfahrung der Zurückweisung für uns essenziell ist – wie bringen wir andere Menschen dazu, uns tatsächlich abzulehnen?

Teilnehmer: Indem wir Forderungen stellen.

Liz: Ja, das ist die eine Methode – indem wir zu viel verlangen. Was ist »zu viel?« Der Mangel an Respekt für die Grenzen des anderen. Grenzen sind natürlich von Mensch zu Mensch verschieden. Instinktiv aber wissen wir, wo sie liegen, selbst wenn wir uns dafür entschlossen haben sollten, sie vom Bewusstsein her zu ignorieren. Man kann etwas verlangen, das die Grenzen des anderen übersteigt und ihn zur Opferung seiner fundamentalen Identität zwingen würde. Wenn der andere dann nicht auf die eigenen Bedürfnisse eingeht, reagiert man vielleicht wütend oder fühlt sich zurückgewiesen. Man kann ständig in den Partner dringen und damit klar machen, dass man ihm psychisch wie physisch keinen Freiraum zugesteht. Kurz gesagt, könnte man die psychische Identifikation des Babys mit der Mutter zeigen, das sich gegen die Abnabelung sträubt und eher eine Verschmelzung als eine Beziehung sucht.

Als Astrologen ist uns diese Dynamik vielleicht bei einigen unserer Klienten aufgefallen. Analytisch geschulte Therapeuten erkennen sie sofort, Astrologen allerdings nicht unbedingt. Jemand taucht bei uns auf, der in seinem Inneren das Bild eines »abweisenden Elternteils« trägt – und er oder sie möchte sehr viel mehr von uns, als wir geben können. Was immer wir auch anbieten, es ist nicht genug. Wir fühlen uns dann in der Rolle des Helfers unzulänglich und irgendwie schuldig, weil wir unserer Verantwortung nicht gerecht werden. Der Klient fängt an, zu eigenartigen Zeiten anzurufen, oder er kommt 40 Minuten vor der Sitzung und ist danach kaum zum Gehen zu bewegen. Wir merken, dass wir uns zu viel aufgeladen haben und nicht imstande sind, die verlangten Einsichten und Antworten zu liefern. Wir fühlen allmählich Groll in uns aufsteigen, und irgendwann bricht es aus uns heraus und wir sagen: »Bitte gehen Sie. Ich kann Ihnen nicht geben, was Sie wollen.« Und dann hat die

Person die Ablehnung bekommen, die sie unbewusst gesucht hat, weil Ablehnung das innere Drehbuch für ihre Beziehungen ist.

Man kann auf diese Weise auch den Partner bearbeiten. Wenn man mit Macht darauf drängt, saturnale Grenzen niederzureißen, könnte er umso mehr versucht sein, diese zu verstärken. Der Partner könnte dann die Rolle des kalten, abweisenden Elternteils übernehmen – der in Wirklichkeit die Forderung nach Unabhängigkeit verkörpert, die durch Saturn im Aspekt zum Mond angezeigt ist – und sich nach jemand anderem umsehen. Das Element des geheimen Einverständnisses in Dreiecksbeziehungen, die auf diese Art von Dynamik zurückgeht, liegt vielleicht bei 100 Prozent. Möglicherweise fühlen einige von Ihnen das Bedürfnis, vehement zu widersprechen. Wenn Sie sich ungehalten fühlen, Ihrerseits aber ebenfalls Sonne-Saturn, Mond-Saturn, Venus-Saturn oder Saturn im 4. oder 10. Haus im Horoskop haben, sollten Sie versuchen, über den Ärger nachzudenken und über ihn hinaus zu sehen.

Schutz-Dreiecke müssen nicht von der Person initiiert sein, die diese Planeten-Konfiguration aufweist. Mond-Saturn, Sonne-Saturn, Saturn im 10. Haus, Saturn im 4. Haus und Venus-Saturn und weitere ähnliche Konstellationen einschließlich von Chiron können zur Rolle des Betrügers, des Betrogenen oder des Objekts des Betrugs führen. Der Betrüger mit solchen Faktoren hat für gewöhnlich eine gute Begründung dafür, sich mit einer dritten Person einzulassen: Der Partner ist für ihn kalt, abweisend und tadelnd. Der Betrogene mit diesen Aspekten wird zumeist die gleichen Anschuldigungen wie der Betrüger erheben. Wenn wir selbst eine dieser Rollen in einem Schutz-Dreieck innehaben, sollten wir den Mut aufbringen zu erkennen, inwiefern wir den anderen zurückweisen – und wie unser eigener saturnischer Schutz vor Kränkungen beschaffen ist, den wir projizieren und stellvertretend ausleben. Was ist es anderes als eine Ablehnung, wenn wir die Individualität derjenigen nicht anerkennen, die wir lieben, sondern mit dem verwundeten, kindlichen Teil von uns in ihre Psyche dringen und fordern, dass sie etwas in uns heilen, wofür sie in keiner Weise die Verantwortung tragen?

Man könnte mit einer solchen Konfiguration auch die Rolle des Objekts des Betrugs auf sich nehmen, indem man das Muster der Zurückweisung durch die Bindung mit einem Partner neu erschafft, der seinerseits bereits gebunden ist. Womöglich bedeutet das viel Warten am Telefon, in der Hoffnung, dass sich der oder die Geliebte für einen Moment von der Familie freimachen und ein kurzes Gespräch führen kann. Das Objekt des Betrugs könnte sich ständig einsam und zurückgewiesen fühlen, genau wie der Betrogene auch – und wie der Betrüger in einer Beziehung ohne Liebe.

## *Zurückweisung und wie sie psychisch »gerächt« wird*

Man mag sich fragen, was in diesem Zusammenhang eine psychische »Rache« sein soll. Alle drei Parteien mögen sich verletzt, einsam und zurückgewiesen fühlen, und alle drei könnten jeweils den oder die anderen für ihren Schmerz verantwortlich machen. Es geht hier um mehr als den »Wiederholungszwang«, den Freudschen Begriff für das fortwährende Erschaffen der ursprünglichen Situation der Kränkung, um Heilung zu finden. Dreiecksbeziehungen können auch ein Element des Ausweichens haben, weil jede Partei sich in ihrer emotionalen Zurückhaltung gerechtfertigt sieht. Schutz-Dreiecke bewahren uns vor Verletzungen in intimen Verbindungen, wobei die Empfindung von Schmerz und Unglück die zugrunde liegende Angst überdecken könnte. Wir sollten uns die Frage stellen, welche positiven Dimensionen in den saturnischen Tendenzen liegen. Wenn Saturn »nur« defensiv wäre, hätten Saturn-Aspekte überhaupt nichts Konstruktives. Dann könnten wir einen Schlussstrich ziehen und fürs nächste Mal auf eine bessere Inkarnation hoffen. Aber darum geht es natürlich nicht bei diesem Planeten.

Was wollen wir nicht anerkennen, wenn wir an einem Schutz-Dreieck beteiligt sind?

Teilnehmer: Ich vermute, wir wollen nicht allein sein. Ich bin etwas verwirrt über Ihre Worte. Sie sagten, dass dieses Muster der Zurückweisung uns davor bewahrt, tiefe Verbindungen einzugehen. Wir müssen doch aber auch lernen allein zu sein. Wie kommen wir mit beidem zurecht? Es hat für mich etwas einer Catch-22-Situation.

Liz: Ich kann mir vorstellen, dass es sich so anhört. Mit intimen Verbindungen aber meine ich keine emotionale Verschmelzung. Ich glaube, dass wir erst dann wahre emotionale Verbindungen eingehen können, wenn wir uns als selbstständige Wesenheiten empfinden und eine Wahl vom Bewusstsein aus treffen können, wer wir sind und wohin wir als Individuen gehen müssen. Das drängende Bedürfnis zur Verschmelzung – eins zu sein mit dem anderen – ist keine Verbindung, es ist Hunger. Es ist menschlich und nicht »schlecht«, aber nichts, wofür man sich entscheidet. Es ist etwas, zu dem man getrieben wird, häufig aus Angst und dem Gefühl einer persönlichen Minderwertigkeit und Hoffnungslosigkeit. Saturns Erhöhung in der Waage legt für mich nahe, dass Beziehungen als Austausch zwischen zwei eigenständigen Wesenheiten gegenseitigen Respekt und einen authentischen Dialog einschließen. Es kommt darauf an, dass sich diese zwei Wesen zunächst als eigenständig und dann als Partner sehen.

Uns allen hier ist klar – zumindest vom Intellekt her –, dass eine der Forderungen von Saturn die nach Isoliertheit und Unabhangigkeit ist. Jeder Planet im Aspekt zu Saturn spürt diese Forderung. Wir müssen in dem betreffenden Lebensbereich Autonomie und Selbstbescheidung entwickeln. Das heißt aber nicht, dass wir uns emotional abschotten müssten. Wir müssen Grenzen anerkennen – unsere eigenen und die von anderen – und lernen, damit zu leben und vom Herzen her offen zu sein. Diese Aufgabe ist nicht einfach. Sie ist bei Saturn-Merkur und Saturn-Mars leichter und schwerer bei Saturn-Mond und Saturn-Venus, weil Mond und Venus von sich aus zur Verbindung mit anderen neigen. Es gibt eine natürliche Antipathie zwischen Saturn und Mond und ebenfalls zwischen Saturn und Venus, wenngleich Saturn im Zeichen der Venus erhöht ist. Bei einer Verbindung zu Saturn fällt es der Venus in Luft- und Erdzeichen leichter, Freundschaften zu schließen; aus Wasser- und Feuerzeichen hat sie große Schwierigkeiten damit.

Bei diesen Aspekten verlangt der innere *daimon*, dass wir nicht länger nach göttlicher Liebe suchen, sondern menschliche Liebe akzeptieren sollen. Die Person mit Mond-Saturn oder Venus-Saturn mag meinen, eine unglückliche Kindheit gehabt zu haben – durch Ablehnung, emotionale Kälte, Einsamkeit, allzu viel Verantwortung oder durch Liebe, die an Bedingungen geknüpft war. Dieser Eindruck bestand von Anfang an, und vielleicht trifft er zu einem gewissen Ausmaß sogar »objektiv« zu. Die Intensität der Kränkung und die daraus resultierenden emotionalen Auswirkungen sind aber bei jedem anders. Wir können Saturn nicht für unsere Kindheit verantwortlich machen. Mond-Saturn und Venus-Saturn bedeuten von Geburt an eine bestimmte Aufgabe, ein *dharma*, das die Lektion beinhaltet zu lieben und geliebt zu werden als wahrer Mensch. Das verlangt Selbstgenügsamkeit. Zurückweisung in frühen Jahren ist nicht die Ursache für ein saturnisches Schutz-Dreieck – sie ist dessen Auslöser. Das eigentliche Thema ist die individuelle Weigerung zu erkennen, was die Seele oder das Selbst braucht – oder die Eichel, von der James Hillman spricht oder welchen Namen Sie dem auch geben wollen, was Ihrem Wesen zugrunde liegt.[3] Im Inneren dagegen zu rebellieren ist vielleicht zwangsläufig, weil die Jugend Saturn nicht schätzt. Zeit und Erfahrung aber können bei diesen Aspekten Wunder wirken und die kreativsten Dimensionen zum Vorschein kommen lassen. Häufig aber führt der Weg dahin über eine schmerzhafte Dreiecksbeziehung.

Teilnehmer: Würden Sie auch Chiron in diese Konfigurationen einschließen? Neigt auch Chiron-Venus zu Schutz-Dreiecken?

Liz: Chiron kann in vielerlei Hinsicht auf die gleiche Weise wie Saturn zu Schutz-Dreiecken führen. Die Furcht davor verletzt oder enttäuscht zu werden, kann uns dazu bringen, in einer Dreiecksbeziehung Schutz zu suchen. Bei Venus-Chiron, Mond-Chiron oder manchmal auch Sonne-Chiron wird Liebe häufig mit Schmerz gleichgesetzt. Es fällt schwer, sich eine Beziehung ohne die eine oder andere Art von Verletzung vorzustellen. Diese Wahrnehmung muss nicht einmal »falsch« sein, weil wir uns und andere zwangsläufig zu verletzen scheinen, wenn wir lieben, wie sehr wir das auch zu vermeiden versuchen. Chiron kann uns großzügiger den menschlichen Begrenzungen gegenüber machen. Das jugendliche, überschwengliche Verliebtsein mit einer idealisierten Vorstellung kann sich zu einer umfassenderen Liebe wandeln, die Mitgefühl und die Bereitschaft beinhaltet, einen makelbehafteten menschlichen Partner zu akzeptieren. Auf dem Weg dahin entwickeln wir womöglich Abwehrmechanismen, weil wir unsere Wunden und Makel anerkennen müssen, von denen wir uns nicht losmachen können. Viele Menschen aber können diese Abwehrmechanismen nicht mehr abstreifen und benutzen unbewusst Dreiecksbeziehungen aus ähnlichen Gründen wie diejenigen mit Venus-Saturn oder Mond-Saturn.

Manche Menschen werden mit Aspekten geboren, die sie deutlich erkennen lassen, was ihnen verwehrt bleibt und was sie lernen müssen. Deshalb reagieren sie überempfindlich und merken womöglich nicht, wenn ihnen Liebe entgegengebracht wird. Mond-Chiron-, Mond-Saturn, Venus-Chiron, Venus-Saturn, Sonne-Chiron, Sonne-Saturn und Saturn oder Chiron in den Häusern, die die Eltern symbolisieren, sagen allesamt etwas darüber aus, wie man als Kind die Eltern wahrgenommen hat.

Wir alle haben von schrecklichen Fällen von Grausamkeit

und Kälte in der Kindheit gehört oder vielleicht sogar selbst derartige Erfahrungen gemacht. Bei den meisten Menschen mit diesen Aspekten ist aber nicht das Entscheidende, dass ein Elternteil sie nicht geliebt hätte. Im Reigen der planetarischen Gottheiten bedeuten Saturn und Chiron Kinder mit besonderen Bedürfnissen. Sie brauchen etwas, das sie in keinem Menschen finden können. Es kann nur im Inneren gefunden werden, nachdem man Bewusstsein entwickelt und Lebenserfahrungen gesammelt hat. Und niemals kann das Bedürfnis wirklich gestillt werden, was zur Erkenntnis führt, Kompromisse schließen zu müssen.

## *Psychische Verwicklungen*

Dreiecksbeziehungen sind der häufigste Schutzmechanismus vor Zurückweisung. Derartige Situationen werden unbewusst kreiert. Wir setzen uns nicht hin und entwerfen auf dem Papier ein Schutz-Dreieck. Der Betrogene und das Objekt des Betrugs im Schutz-Dreieck mögen sich beide für jemanden entschieden haben, der sich nicht festlegen will. Das ist eine exzellente Rechtfertigung für einen emotionalen Rückzug, ohne dass man sich mit der eigenen Angst vor einer Bindung auseinander setzen müsste. Wer in einem derartigen Muster gefangen ist, könnte unbewusst solche Partner aussuchen, die sich früher oder später als Enttäuschung erweisen. In Wirklichkeit besteht Angst vor einer tragfähigen Beziehung.

Tiefes Misstrauen ist sowohl ein Charakteristikum von Saturn als auch von Chiron. Wir entscheiden uns vielleicht für einen Partner, dem wir uns insgeheim überlegen fühlen oder den wir nicht wirklich respektieren, weil uns ein solches Vorgehen »sicherer« erscheint und wir weniger Angst haben müssen, ihn zu verlieren. Und dann glauben wir vielleicht, aus dem Gefühl der Enttäuschung heraus eine Rechtfertigung zu haben, zum Betrüger zu werden. Oder: Die Erwartung einer Kränkung führt dazu, dass wir nur Beziehungen eingehen, in denen wir tatsächlich früher oder später enttäuscht werden. Die andere Person betrügt uns, und voller Überzeugung äußern wir: »Ich wusste, dass du gehen würdest. Männer/Frauen sind nun mal so!« Wir mögen uns emotional abkapseln und uns voll und ganz bestätigt fühlen. Dahinter aber liegt die tief greifende Weigerung, sich wirklich auf jemanden einzulassen. Wenn wir es tun würden, wären wir allzu verletzlich. Sie meinen, dass das um die Ecke gedacht ist? Stimmt. Allerdings funktioniert die Psyche häufig auf diese Weise.

Teilnehmer: So ist es wirklich. Ich hatte selbst einmal eine Erfahrung dieser Art. Der betreffende Mann hatte Saturn im 5. Haus im Trigon zur Venus und im Quadrat zu Uranus im 12. Haus. Und zwischen Mond und Saturn bestand ein Quadrat. Als ich mit ihm zusammen war, merkte ich, wie ich zu einem wahren Plutonier wurde. Und dabei ist mein Pluto nicht einmal besonders stark. Er steht weder in einem Eckhaus, noch aspektiert er meinen Mond oder meine Venus. Dieser Mann schien mich immer wieder auf die Probe stellen zu wollen, ob ich ihn anlügen würde. Ich wurde sehr geheimniskrämerisch und behielt einiges für mich; manchmal verhielt ich mich geradezu kindisch, aber ich fühlte mich die ganze Zeit unter Druck gesetzt. Ich konnte nichts dagegen tun. Ich hatte keine Lust mehr, ihm alles zu sagen, eben weil ich das Gefühl hatte, auf die Probe gestellt zu werden. Als ich versuchte, es ihm zu erklären, verstand er nicht, wovon ich redete. Er war nur gekränkt, weil ich nicht mehr offen zu ihm sein wollte.

Liz: Was Sie da beschreiben, ist eine traurige Illustration, wie Misstrauen sein eigenes Schicksal besiegelt. Wenn uns der Part ner gegenüber misstrauisch ist, kann es sehr schwer fallen, das zu vermeiden, wozu er uns möglicherweise insgeheim bringen will. Was wir auch tun mögen, er weigert sich zu glauben, dass er uns etwas bedeutet. Er stellt uns immer wieder auf die Probe, und früher oder später haben wir genug. Und suchen uns eine Beziehung, in der man uns unsere Liebesbekundung abnimmt.

Teilnehmer: Oder es läuft darauf hinaus, dass der Partner meint richtig zu liegen, weil man so wütend wird.

Liz: Ja, das ist die »Wenn du's so haben willst«-Reaktion. Wenn wir derjenige sind, auf den ein extremes Misstrauen gerichtet ist, mögen wir uns denken: »Das glaubst du also von mir. Okay. Dann sollst du kriegen, was du glaubst!« Extreme Unsicherheit und Eifersucht können gerade das erzeugen, wovor der Betreffende die größte Angst hat. Das ist auch deshalb sehr traurig, weil er nicht bewusst versucht, eine solche Situation zu erschaffen, es geschieht unbewusst. Und doch ist extremes Misstrauen eine Form der Zurückweisung. Man sagt: »Ich weiß, dass du in Wahrheit eine treulose Person bist, der man nicht trauen kann. Was du auch beteuerst oder tust, ich weiß, dass deine Liebesschwüre allesamt Lügen sind.« Das kann ungemein kränkend und verletzend sein. Allerdings ist der misstrauische Partner oft so sehr auf die erwartete Kränkung fixiert, dass er sich des tatsächlichen emotionalen Schmerzes gar nicht bewusst wird.

Es gibt keine andere Situation, die so deutlich mit den Eltern in Verbindung steht wie das Schutz-Dreieck, das auf Unsicherheit gegründet ist. Wie markant die aus der Kindheit resultierenden Faktoren auch sein mögen – es spielt hier das Dilemma der selektiven Erinnerung sowie die höchst subjektive Art hinein, wie das Kind auf ein »nicht perfektes« Elternteil reagiert. Die rein kausale Herangehensweise an Schutz-Dreiecke ist ungenügend; sie kann uns nicht helfen, die Teleologie der Beziehung zu verstehen. Vielleicht aber mildert sie das Gefühl der eigenen Schuld und trägt dazu bei, dass wir mehr Selbstvertrauen entwickeln. Das Kind mit schwierigen Saturn- oder Chiron-Konstellationen neigt dazu, Beschränkungen bei der elterlichen Liebe zu empfinden, und es wird sich immer an Momente der Zurückweisung erinnern. Die Augenblicke der elterlichen Zuneigung dagegen werden für gewöhnlich vergessen. Es ist weniger die Kindheit als solche als vielmehr die Art, wie wir sie erlebt haben und sie erinnern, die durch diese astrologischen

Konfigurationen zum Ausdruck kommt. Wir müssen tiefer blicken auf das, was die planetarische Signatur uns wirklich über uns erzählt. Es gibt ein ungelebtes Leben in uns, das durch ein Schutz-Dreieck zum Ausdruck kommt und das mit dem Bedürfnis nach Selbstgenügsamkeit und der Notwendigkeit zusammenhängen könnte, die menschlichen Grenzen zu akzeptieren.

# Das Unerreichbare erreichen wollen

## *Neptunische Dreiecksbeziehungen*

Nun möchte ich auf Dreiecksbeziehungen zu sprechen kommen, die sich auf das Unerreichbare beziehen – dieses Mal allerdings nicht im Kontext der Eltern. Derartige Verbindungen haben meist mit Neptun zu tun, der nicht zwangsläufig eine Unerreichbarkeit von ödipaler Art anzeigt. Ein Zusammenhang mit den Eltern ist dann angezeigt, wenn Neptun in einem Haus steht, das den Vater oder die Mutter symbolisiert oder wenn er im Aspekt mit der Sonne oder dem Mond verbunden ist. Der idealisierte Elternteil, der emotional nicht zu erreichen ist, kann später in idealisierter Form als Geliebte oder Geliebter wieder in Erscheinung treten, die oder der ebenfalls nicht zugänglich ist. Die Sehnsucht nach der unerreichbaren Liebe aber ist nicht nur die Sehnsucht nach dem Vater oder der Mutter. Wie im Aspekt zu den Lichtern kann Neptun in einem Eckhaus und mit vielen Aspekten oder in Verbindung mit der Venus ein intuitives Wissen um die umfassendere Einheit hinter den Erscheinungen des Lebens bedeuten. Diese Wahrnehmung kann für das persönliche Leben destruktiv sein, falls diese Einheit in menschlichen Beziehungen gesucht wird.

Neptun steht immer mit einem Bein in einer anderen Dimension. Es gibt eine Fantasie, eine Erinnerung – entsprechend der persönlichen philosophischen oder spirituellen Überzeugung – an einen »anderen Ort«, an den man zurückkehren möchte, einen Ort des Friedens, des Einsseins und der Freude. Dort existiert kein Tod, keine Isolierung, keine Einsamkeit, kein Schmerz. Es ist ein wenig die »Rückkehr in den Mutterleib«, allerdings hat diese Lebensquelle nichts mit der wahren Mutter oder dem wahren Vater zu tun. Es handelt sich um den unermesslichen Archetypus von Quelle und Ursprung, der sich auf den idealisierten Elternteil richtet, dabei aber auf etwas weist, das weit über ihn hinausgeht. Den Mutterleib nicht verlassen zu wollen ist Ausdruck von neptunischer Sehnsucht; das Unerreichbare zu begehren, kann als die Suche nach dem Zustand der Verschmelzung gesehen werden, der vor der Geburt gegeben war und der in einer menschlichen Beziehung aus Fleisch und Blut nicht möglich ist. Dem muss man ins Auge sehen, wenn man einen starken Neptun hat und sich in einer schmerzhaften Dreiecksbeziehung wiederfindet. Das ist aber nicht die einzige Ebene. Es besteht eine Aufgeschlossenheit für die subtileren Dimensionen der Realität, die normale menschliche Beziehungen als öde, blasse Kopie des »Wahren« erscheinen lassen könnten. Das ist in diesem Fall ein fundamentaler Charakterzug, der nicht auf Wunden zurückgeht, die von den Eltern zugefügt wurden. Häufig aber kommt schon in jungen Jahren eine familiäre Dreiecksbeziehung dazu. Beide Sachverhalte zusammen bedeuten eine besondere Neigung für Dreiecksverhältnisse.

## *Die Sehnsucht nach der perfekten Liebe*

Ein starker Neptun kann zur fortwährenden Suche nach der perfekten Liebe führen und auf den Moment der Ekstase hoffen lassen, auf den Seelengefährten, mit dem man verschmilzt. Keine menschliche Beziehung kann dieser neptunischen Vision von Liebe gerecht werden, ausgenommen vielleicht das magische Anfangsstadium des verliebt seins. Der Neigung, außerhalb der etablierten Beziehung nach Liebe zu suchen, kann ein solcher

Mensch deshalb vielleicht nicht widerstehen. Neptun ist nicht gerade für emotionale Direktheit bekannt – der Betreffende ist deshalb vielleicht nicht dazu imstande, eine Beziehung wirklich zu beenden, bevor er die nächste, verheißungsvollere eingeht. Insofern kann Neptun zu dem führen, was man euphemistisch als »Täuschung« zu bezeichnen pflegt; allerdings würde ich hier eher von der Unfähigkeit sprechen, mit Konfrontationen umzugehen. Man hofft, dass sich durch die typischen neptunischen Verwicklungen schon alles irgendwie arrangieren wird, ohne dass man die Wahrheit sagen muss. Für gewöhnlich läuft aber alles schief.

Selbst wenn man sich beim Thema Dreiecksbeziehung intensiv mit den Eltern oder ihrer Trennung auseinander gesetzt hat, kann man Neptun nicht »heilen«. Er braucht kreative Kanäle, durch die die Vision der Einheit und die Sehnsucht, seiner selbst enthoben zu werden, zum Ausdruck kommen können. Wenn die neptunische Seite der Persönlichkeit zu stark unterdrückt wird, können Venus-Neptun und Mond-Neptun schnell zu einem Liebes-Dreieck führen – was der Fall sein könnte, wenn das Horoskop sehr erd- oder luftbetont ist, sehr saturnisch oder uranisch, allzu kontrolliert oder rational, oder wenn eine Abneigung besteht, sich auf die imaginative Ebene einzulassen, die Neptun braucht. Der familiäre Hintergrund könnte ebenfalls dazu führen, dass die neptunischen Dimensionen, die nicht von dieser Welt sind, abgelehnt werden. Venus-Neptun kann, unabhängig vom Thema Eltern, ganz allgemein eine Neigung zu Dreiecksbeziehungen anzeigen. Mond-Neptun und Sonne-Neptun mögen die gleiche Tendenz nahe legen, bei letzteren Planetenpaaren aber spielt für gewöhnlich der familiäre Hintergrund ebenfalls eine Rolle. Für Beziehungen können all diese Aspekte schwierig sein, was mit den außerordentlich hohen Erwartungen zusammenhängt. Wenn man keine Dreiecksbeziehungen mit Menschen eingehen will, muss man vielleicht ein derartiges Verhältnis ohne Menschen begründen, mit Musik, dem Theater, der Poesie, der Literatur, oder einen spirituellen

Weg gehen, sich mit Heilung oder humanitären Bestrebungen auseinander setzen oder einem anderen neptunischen Kanal. Es kann auch Meditation, Astrologie oder Traumarbeit sein. Irgendetwas aus der neptunischen Welt aber muss den dritten Punkt des Dreiecks bilden. Dort wird man zum Betrüger, indem man sich von Zeit zu Zeit in der Ekstase der Verschmelzung mit etwas verliert, das größer ist als man selbst.

Teilnehmer: Der dritte Punkt kann auch Alkohol sein. Oder Drogen.

Liz: Ja, das ist möglich. Und tatsächlich ist es auch oft so.

Teilnehmer: Bedeutet Neptun im 5. Haus eine Neigung zu Dreiecksbeziehungen?

Liz: Ja, aus all den Gründen, die ich gerade beschrieben habe. Neptun hat eine Affinität zum Archetypus des Opfer-Erlösers, und der Neptunier kann die Gabe haben, sowohl die Rolle des Betrogenen als auch die des Betrügers zu spielen, der die perfekte Liebe sucht. Hier verursacht die Untreue des Partners häufig ein lange währendes Leid, vielleicht sogar verbunden mit einem gewissen Mitgefühl – oder aber Mitleid – oder der Überzeugung, dass man in der Liebe leiden muss, um den »Sünder zu retten«. Ich möchte mich nicht lange über diese psychologische Dimension auslassen, ich habe ausführlich darüber in dem erwähnten Buch über Neptun geschrieben. Was aber Neptuns Netz betrifft, können sowohl der Betrüger, der Betrogene als auch das Instrument des Betrugs darin gefangen sein.

## *Uranische Dreiecksbeziehungen*

Uranus kann ebenfalls bei Dreiecksbeziehungen eine Rolle spielen, die auf das Unerreichbare gerichtet sind. Er ist ein äußerer Planet und symbolisiert etwas Größeres als das Individuelle – etwas, das ein menschliches Individuum womöglich nicht bieten kann. Ein Aspekt zwischen Uranus und Venus sowie Uranus im 5., 7. oder 8. Haus könnte die Tendenz zu Dreiecksbeziehungen anzeigen, weil der Betreffende ein Ideal der Perfektion anstrebt, das in menschlichen Verbindungen nicht zu erreichen ist. Es besteht die Vision einer helleren, reineren Realität, einem vollkommenen System, in dem die dunkleren, barbarischen Emotionen die strukturierte Schönheit des Kosmos nicht mehr stören können. Hat man diese Erfüllung in der etablierten Beziehung nicht gefunden, beginnt man sich womöglich nach etwas anderem umzusehen – weil man sich von dem allzu menschlichen Partner enttäuscht fühlt, der es am wichtigsten findet, dass die Hemden gebügelt sind und genug Geld in die Rentenkasse eingezahlt wird. Uranus hat seine Schwierigkeiten mit der Realität des physischen Körpers, was dazu führen könnte, dass man nach dem Unerreichbaren zu streben beginnt, wenn der Partner oder man selbst älter wird. Wenn das Horoskop zu luft- und feuerbetont ist, könnte sich Venus-Uranus sogar von einem jungen, schönen Partner abgestoßen fühlen: Die intime Nähe enthüllt, dass er wie alle anderen Menschen auch nur aus Fleisch und Blut besteht.[4]

Uranus hat wenig für intensive emotionale Erfahrungen übrig, besonders wenn es um Eifersucht und Abhängigkeit geht. Diese Gefühle stoßen den Uranier ab, was ihn selbst wie den Partner betrifft. Ein neuer Geliebter oder eine neue Geliebte bergen die Verheißung einer nicht erstickenden Beziehung; nach einer gewissen Zeit aber bekommt er auch in der neuen Beziehung keine Luft mehr. Dabei liegt das wahre Problem in der uranischen Natur und weniger in den scheinbar übertriebenen emotionalen Forderungen des Partners. Mond-Uranus und Venus-Uranus sind keine einfachen Bettgenossen für einen Partner, der seinerseits Mond-Pluto, Venus-Pluto, Mond-Neptun oder Venus-Neptun im Horoskop hat. Umso mehr ist das der Fall, wenn das Geburtsbild beide Muster aufweisen sollte. Dann wird man wahrscheinlich früher oder später einen der Aspekte im Partner sehen; und der andere kommt in Form einer Verheißung zum Ausdruck oder manifestiert sich als Rivale.

Wie bei Neptun auch muss bei Uranus kein ödipaler Hintergrund vorhanden sein, wenn es Schwierigkeiten in der Beziehung gibt. Eine klaustrophobische und allzu emotionale Kindheit allerdings könnte dazu führen, dass sich die uranischen Bedürfnisse nicht in ausgewogener Form manifestieren, sondern der Mensch automatisch jeden emotionalen Anspruch ablehnt. Uranus braucht Ventile, die über das Menschliche hinausgehen, ansonsten droht die Komplikation einer Dreierbeziehung. Wenn man nicht mit den uranischen Elementen des eigenen Wesens zurechtkommt, kann eine Dreiecksbeziehung die Form sein, durch die sich das ungelebte Leben manifestiert. Besonders bei Spannungsaspekten zur Venus oder Sonne oder zum Mond ist es häufig der Partner, der Uranus auslebt. Hat man die eigenen uranischen Neigungen erkannt, wird es vielleicht nicht einfacher – man kann dann aber bewusst Kanäle suchen, durch die man seine Ideale verfolgt, ohne vom normalen, menschlichen Partner zu erwarten, den göttlichen Plan zu verkörpern.

Die von Uranus häufig geäußerte Forderung nach Gleichheit und Offenheit ohne Eifersucht ist keine wirkliche Alternative, weil der Partner die Einstellung meist nicht teilt – und nicht deshalb, weil er hier selbst ein »Problem« hätte. Zu verlangen, dass der Partner andere Liebhaber akzeptiert – »warum können wir nicht alle Freunde sein?« –, bedeutet nichts anderes, als dass man selbst nicht die Verantwortung für die emotionalen Konsequenzen des eigenen Tuns übernehmen will. Solange der Partner nicht wirklich einverstanden ist – was manchmal der Fall sein kann, wenngleich dies meiner Erfahrung nach eher die Ausnahme als die Regel ist –, stellt das mehr eine Form der psychischen Einschüchterung dar, die dem »demokratischen« uranischen Ideal kaum gerecht wird. Und: Anders herum wird meist kein Schuh draus.

Teilnehmer: Was soll das heißen? Welcher Schuh?

Liz: Der linke. Das uranische Ideal von Freiheit bricht meist zusammen, wenn es der Partner und nicht der Uranier selbst ist, der eine Dreiecksbeziehung anfängt. Es ist das, was wir euphemistisch Doppelmoral nennen. Zwischen dem uranischen Idealismus und den menschlichen Emotionen – eingeschlossen die des Uraniers – besteht eine Kluft. Das uranische Bedürfnis nach dem Gefühl, mit dem Kosmos in Verbindung zu stehen, wird womöglich durch einen nicht menschlichen dritten Punkt des Dreiecks befriedigt: durch Freundschaften mit gemeinsamen intellektuellen, spirituellen oder sozialen Idealen, die außerhalb der Partnerschaft liegen. Wenn man aber mit einem Partner zusammen ist, der in der Beziehung starke uranische Bedürfnisse aufweist – in Verbindung mit Uranus im Aspekt zum Mond oder zur Venus oder mit der Stellung im 5., 7. oder 8. Haus –, könnte es klug sein, nicht ständig physische und emotionale Nähe einzufordern. Das ist für die uranische Natur unerträglich, gleichgültig, wie bewusst die Person auch sein mag.

# Dreiecksbeziehungen, die auf ein ungelebtes Leben weisen

Ich glaube, dass bei jeder Dreiecksbeziehung ein Element von ungelebtem Leben mitspielt. Es hat den Anschein, als ob wir manchmal diese ungelebten Teile nur durch die extreme emotionale Belastung entdecken können, die eine Dreiecksbeziehung mit sich bringt. Vielleicht ist das am besten zu erforschen, wenn wir auf das Horoskop schauen, das mir jemand aus der Gruppe gegeben hat. Ich finde es immer sehr mutig, sein Horoskop für die Inspektion durch eine Gruppe zur Verfügung zu stellen.

Teilnehmer: Oder närrisch.

Teilnehmer: Vielleicht tut sie das auch zum ersten Mal.

Liz: Ja, vielleicht ist sie freudig-ignorant – was sich alsbald grausam ändern könnte. Connie, möchten Sie vielleicht etwas zu Ihren Lebensumständen sagen?

Connie: Ja.

## *Connie: die Betrogene*

Liz: Welchen Punkt des Dreiecks favorisieren Sie? Sind Sie die Betrügerin, die Betrogene oder das Objekt des Betrugs?

Connie: Ich bin die Betrogene. Ich habe dreißig Jahre lang eine Ehe geführt, aus der die Liebe verschwunden ist, einfach so. Mein Ehemann hat mich wegen einer jüngeren Frau verlassen, die zugleich eine meiner besten Freundinnen war.

Liz: Dies ist eine extrem schmerzhafte Erfahrung, die in der

Tat einen doppelten Betrug darstellt. Vielleicht sollten wir als Erstes auf die familiären Muster im Horoskop blicken, um Einsichten zu gewinnen. Möglicherweise werden wir nichts Relevantes finden, aber es ist ein Anfang. Schauen wir also auf das 4. und das 10. Haus. Sie sehen alle, dass sich Uranus im 4. Haus befindet.

Connie: Ich muss zugeben, dass ich eine absolute Anfängerin bin. Befindet sich Uranus nicht an der Spitze des 5. Hauses?

Liz: Uranus steht auf 19° im Stier. Die Spitze des 5. Hauses fällt auf 22° Stier, sodass sich Uranus im 4. Haus befindet. Er steht nicht wirklich auf der »Schneide«, wenngleich wir sagen könnten, dass er auch für das 5. Haus eine gewisse Bedeutung hat. Ich neige dazu, den Häuserspitzen mit Ausnahme der Eckhäuser nur einen kleinen Orbis zuzugestehen, wenn es um die Frage geht, ob ein Planet schon zum nächsten Haus zu zählen ist: nur etwa einem Grad. Der Orbis von drei Grad in diesem Fall bedeutet für mich, dass die Uranus-Themen sich hauptsächlich auf das 4. Haus beziehen. Bei den Eckhäusern gehe ich von einem sehr viel größeren Orbis aus – bis zu zehn Grad für die Konjunktion mit einem Planeten von beiden Seiten. Achsen sind überaus bedeutsam; sie symbolisieren das archetypische »Kreuz der Inkarnation«, welches die grundlegende Struktur des Horoskops ausmacht. Die Achsen sind bei allen Häusersystemen die identisch (ausgenommen die äqualen Häuser). Die Größe der folgenden und der fallenden Häuser dagegen variiert bei den Systemen von Placidus, Koch, Campanus, oder Regiomontanus. Das IC fällt auf 1° Stier, und Saturn befindet sich auf 25° Widder, insofern steht Saturn vom 3. Haus aus in Konjunktion zum IC. Dies ist ein Faktor, der mit dem Vater zusammenhängt. Wir müssen auch die Sonne in Betracht ziehen, die sich auf 8° 16' im Schützen im 11. Haus befindet. Die Sonne steht tatsächlich auf der Schneide – sie befindet sich nur ein Grad entfernt von der Spitze des 12. Hauses auf 9° 23' im Schützen. Überdies weist sie ein Quadrat zu Mars und ein Trigon zur Mond-Pluto-Konjunktion auf.

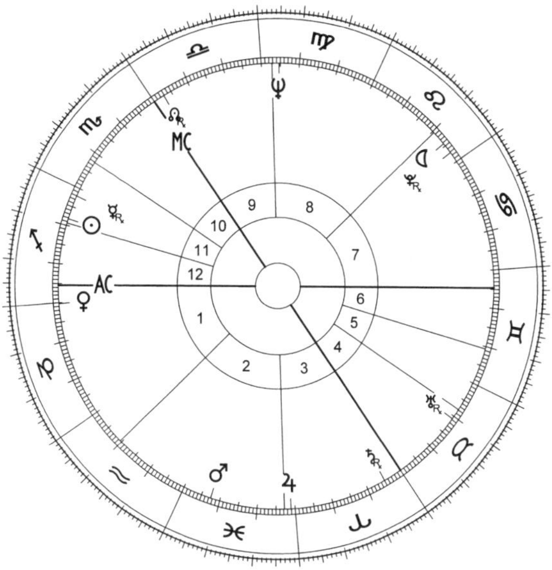


*Abbildung 3: Connie*
*(Daten aus Gründen der Vertraulichkeit nicht abgedruckt)*

Diese Konjunktion kann uns viel über das Mutterbild erkennen lassen. Wir wollen uns aber zunächst mit dem Vater befassen. Uranus im 4. und Saturn im 3. Haus, allerdings in Konjunktion mit der Spitze des 4. Hauses.

Was ist Ihr erster Eindruck, wenn Sie diese beiden Planeten sehen?

Teilnehmer: Bei Uranus im 4. Haus denke ich an einen Vater, der sich als unzuverlässig erweist – jemand, der auf bestimmte Ideen fixiert ist, der die Welt verändern möchte und nur für sein Geschäft lebt oder viel reist. Jemand, der unzuverlässig ist. Vielleicht ist es nicht seine Schuld, aber er ist immer weg. Vielleicht ist er einmal da – und am nächsten Tag, zack, hat er sich wieder davongemacht.

Connie: In den Jahren, die für mich prägend waren, gab es ihn jedenfalls für mich nicht. Er war in der Armee. Nach dem Krieg stieg er gesellschaftlich auf. Er war ein sehr dominanter Vater.

Liz: Haben Sie Ihren Vater als eine negative Figur erlebt?

Connie: Als einen unwillkommenen Besucher.

Liz: Wann verließ er Sie, um in den Krieg zu ziehen?

Connie: Als ich ein Baby war.

Liz: Ich möchte mit der Frage anfangen, welche bewusste Einstellung Sie zu Ihrem Vater haben. Die frühe Trennung und der Eindruck, dass er in der Familie ein Besucher war, scheint durch Uranus angezeigt zu sein, seine Wahrnehmung als dominant und unwillkommen durch Uranus sowie Saturn. Es mag aber noch etwas anderes geben.

Connie: Er war nicht besonders beliebt. Viele Leute hatten ihre Probleme mit ihm.

Liz: Daran zweifele ich nicht. Es sind aber Ihre Gefühle für ihn, die entscheidend sind, nicht die anderer Menschen. Die Art und Weise, wie Sie ihn dargestellt haben, legt nahe, dass Sie nichts mit ihm zu tun haben wollen.

Connie: Das stimmt.

Liz: Das ist es, worüber ich mir Gedanken machen. Der Grund dafür ist die Sonne mit ihren Aspekten.

Teilnehmer: Venus herrscht über das IC.

Liz: Ja. Und dazu gibt es noch ein Trigon zwischen Sonne und Pluto. Und Jupiter steht am Ende des Fischezeichens, im Trigon zur Sonne im Schützen im 12. Haus, über die er herrscht. Diese Aspekte legen nahe, dass Sie fasziniert sind von ihm und dass Sie ihn bewundern. Es kann aber sehr schwer fallen, das anzuerkennen, weil Saturn und Uranus eine andere Botschaft verkünden. Sie scheinen das Gefühl zu haben, dass er sie verlassen hat.

Connie: Ja.

Liz: Als Erwachsene wissen Sie, dass er wegging, um zu kämpfen. Kinder aber können so etwas wie einen Weltkrieg nicht verstehen. Das Kind weiß nur, dass der Vater gegangen ist und vielleicht nie wieder zurückkommt. Das Gefühl, von jemandem verlassen zu werden, der faszinierend und charismatisch ist, kann ungeheuer bedrückend sein. Das ist der Grund, warum ich mir Gedanken mache über das, was Sie beschrieben haben. Außerdem geht mir Mond-Pluto nicht aus dem Sinn. Ihre Mutter war wahrscheinlich während der Kriegsjahre bei der Erziehung der Kinder auf sich gestellt. Haben Sie Brüder und Schwestern?

Connie: Nein.

Liz: Saturn steht im 3. Haus, was häufig die Signatur des Einzelkindes ist. Also waren Sie beide allein.

Connie: Meine Großmutter war noch bei uns.

Liz: Möglicherweise forderte die Mutter Ihre ganze Loyalität, weil Sie alles waren, was sie hatte. Mond-Pluto bedeutet eine Aussage über Ihr Mutterbild – Intensität und sehr viele Forderungen sind damit angezeigt. Vermutlich konnten Sie die Liebe und Zuneigung für Ihren Vater nicht zum Ausdruck bringen. Die Krise in Ihrer Ehe hat zweifellos tiefere Wurzeln – ich bin aber sicher, dass wegen der Betonung des 4. Hauses das Thema Eltern zumindest zum Teil damit zusammenhängt. Es könnte lohnend sein, darüber nachzudenken, was bei der Rückkehr Ihres Vaters geschah. Sie hatten Ihre Mutter für sich allein gehabt, und plötzlich wurde das anders. Sie betrog Sie, indem sie sich mit Ihrem Vater »einließ«. Ich muss dabei an Ihre Freundin denken, die sich Ihren Mann geangelt hat. Ich frage mich, worin die Verbindung zwischen ihr und der Mutter besteht, der Sie so nahe gewesen waren, was sich dann schlagartig änderte. Irgendetwas von dieser frühen Dynamik könnte sich in Ihrer Ehe wiederholt haben. Haben Sie das Gefühl, dass das zutreffen könnte?

Connie: Darüber habe ich noch nie richtig nachgedacht.

Liz: Der Transit-Pluto auf 8° Schütze befindet sich im Augenblick genau auf Ihrer Sonne. Die Venus-Mars-Pluto-Konfiguration, die unser Seminar begleitet, löst nun exakt Ihre Sonne aus. Möglicherweise führt sie dazu, dass Sie erstmals über bestimmte Dinge nachdenken

Uranus und Saturn sind beide in diesem Horoskop Vater-Signifikatoren. Keiner von ihnen ist einfach. Im Kontrast dazu befindet sich die Sonne im Schützen. Sie wird regiert vom Herrscher des Aszendenten, von Jupiter, der in den Fischen im eigenen Zeichen steht. Jupiter weist ein Trigon zur Sonne auf. Die Sonne steht ihrerseits im Trigon zu Pluto im Löwen, dem Zeichen der Sonne. Wie jemand von Ihnen bereits erwähnt hat, herrscht die Venus über das IC; sie befindet sich im 1. Haus, in Konjunktion zum Aszendenten. Von ihr geht ein Quadrat zu Neptun aus, das allerdings von den Zeichen her keines ist. Es sind hier zwei Väter dargestellt: der eine ist ablehnend, unbeständig und unzuverlässig – angezeigt von Saturn und Uranus. Der andere ist glanzvoll, mächtig, schön und unerreichbar – die Verbindung zwischen Sonne-Jupiter-Pluto und Venus-Neptun. Sie haben dem Anschein nach eine Vaterdarstellung anerkannt, die andere aber nicht. Das ist das, was Jung »gespaltener Animus« nennt. Vielleicht weist auch Ihr Ehemann zwei Seiten auf, und Sie haben bis jetzt nur die eine an ihm wahrgenommen, die andere aber nicht. Es könnte nützlich für Sie sein, wenn Sie sein Horoskop einmal in Hinblick auf Ihr Vaterbild betrachten, weil dieses nicht nur saturnisch und uranisch ist, sondern auch Sonne-Jupiter-Pluto und Venus-Neptun umfasst.

Teilnehmer: Ich würde gern eine Frage stellen. Die Ehe hat dreißig Jahre gedauert, sodass es jetzt zur Saturn-Rückkehr kommt. Hat das etwas zu sagen?

Liz: Ja, es kommt nun tatsächlich zur Saturn-Rückkehr der Ehe, und diese hat ihre Bedeutung bezüglich des Stadiums, das die Verbindung jetzt erreicht hat. Ein Zyklus ist vollendet, ein neuer beginnt. Das muss nicht auf bestimmte Ereignisse schließen lassen, wir können daraus aber folgern, dass die Ehe als Wesenheit gereift ist. Gewissermaßen ist das Ende der Kindheit erreicht.

## *Uranische Eruptionen*

Connie: Ich habe das Horoskop meines Mannes dabei. Ich würde gern darüber reden und versuchen, ihn zu verstehen. Mir ist aber nicht ganz wohl dabei, es hier zu präsentieren. Er ist nicht dabei und kann nicht antworten.

Liz: Statt das Horoskop auf den Projektor zu legen, kann ich vielleicht auf einige Punkte hinweisen, die wichtig sein könnten.

Connie: Das scheint mir ein guter Kompromiss zu sein.

Liz: Wie Sie auch hat er einen Schütze-Aszendenten. Seine Sonne steht im Wassermann. Die Sonne befindet sich im Quadrat zu Uranus, dem Herrscher des Wassermanns. Vielleicht stellt dies die Seite Ihres Ehemanns dar, die Sie bislang nicht anerkannt haben. Vielleicht wollten Sie jemanden, der sich deutlicher von Ihrem Vater unterscheidet – jemand, der immer da ist. Vielleicht erweckte er zunächst den Anschein, dieser Rolle zu entsprechen. Es ist interessant, dass die beiden Herrscher des Wassermanns – Saturn und Uranus – in Ihrem Geburtshoroskop als Vater-Signifikatoren in Erscheinung treten und dass Ihr Mann die Sonne im Wassermann sowie im Quadrat zu Uranus hat.

Connie: Für mich war er eher wie eine Mutter.

Liz: Vielleicht vermittelte er den Eindruck, sich eher wie sie zu verhalten. Es ist möglich, dass er während der Ehejahre seine uranische Seite nicht ausgelebt hat. In seinem Horoskop gibt es zudem eine Mond-Uranus-Konjunktion. Dieser Mann ist nicht für die nervtötenden Pflichten des Haushalts gemacht. Vielleicht hat er diese Seite von sich unterdrückt – nichtsdestotrotz ist es das, worum es vom Horoskop her geht. Wir sehen hier einen freiheitsliebenden, abenteuerlustigen Schütze-Aszendenten. Sowohl die Sonne als auch der Mond aspektieren Uranus. Diese Person braucht sehr viel Freiraum. Es könnte sein, dass Sie und Ihr Partner Rollen übernommen haben, die mit den unsicheren Verhältnissen in der Vergangenheit zusammenhängen und die nicht in Übereinstimmung mit Ihren grundsätzlichen Charakterzügen standen. Nun bringt er etwas zum Ausdruck, das Sie in der Kindheit durch Ihren Vater erlebt hatten. Er zeigt plötzlich eine Seite, von der Sie zuvor nichts ahnten.

Ihr Mann hat Sie mit schmerzhaften Gefühlen des Verlassenwerdens und des Betrugs konfrontiert, die in Ihnen die kindlichen Erinnerungen an den Verlust wachgerufen haben dürften. Der uranische Hang zu Ängsten und schockierenden Erfahrungen hat sich zum zweiten Mal in Ihrem Leben bemerkbar gemacht – der Mann in Ihrem Leben ist plötzlich nicht mehr da. Es besteht eine gewisse Verbindung zwischen ihm und Ihrem Vater, nicht nur aufgrund des uranischen Zusammenhangs, sondern auch, weil Sie durch beide das Gleiche erlebt haben, wenn auch unter völlig anderen Vorzeichen. Ihr Mann hat etwas Unzähmbares und Freiheitsliebendes, das er womöglich dreißig Jahre lang unterdrückte. Seine Sonne steht genau am IC, und vielleicht wollte er den Mangel an Stabilität in seinem frühen Umfeld kompensieren. Er mag versucht haben zu sein, was ihm sein eigener Vater nicht gewesen war. Das sind natürlich alles Spekulationen. Wenn er aber sich all die Jahre wie ein treu ergebener Ehemann verhalten hat, waren früher oder später Probleme zu erwarten.

Vielleicht ist er auf der Suche nach etwas von sich, das er sehr früh verloren hatte, weil er viel Verantwortung übernehmen musste. Vielleicht entdecken Sie nun etwas an ihm, das Sie aus Ihren persönlichen Gründen zuvor nicht anerkennen wollten. Nichts davon hängt mit einer anderen Frau zusammen – es geht dabei um ungelebte uranische und jupiterhafte Qualitäten. Dreiecksbeziehungen sind immer symbolisch. Sie mögen wehtun wie die Hölle, sie symbolisieren aber etwas. Auch wenn es Ihren Schmerz vielleicht nicht enden lässt: Sich mit dieser symbolischen Ebene zu befassen, könnte Ihnen zeigen, was diese Dreierbeziehung in Ihrem Leben bedeutet. Es besteht eine Verbindung zwischen dem Weggang Ihres Vaters und dem Weggang Ihres Mannes sowie mancherlei Ähnlichkeit, die Sie beide zuvor nicht gesehen haben. Und vielleicht fühlen auch Sie sich ja wie erlöst.

Teilnehmer: Er hat einen Schütze-Aszendenten. Connies Sonne steht auf 8° im Schützen, Pluto befindet sich jetzt darauf. Hat er schon den Aszendenten des Ehemanns erreicht?

Liz: Nein, sein Aszendent befindet sich auf einem späteren Grad. Connie, wann hat sich das alles ergeben?

Connie: Vor sechs Monaten.

Liz: Sie stecken beide gerade mitten in der zweiten Saturn-Rückkehr. Saturn ist über die Radix-Konjunktion zwischen Venus und Jupiter Ihres Mannes gelaufen, die sich im Widder im 5. Haus befindet. Jetzt ist er zum eigenen Ort zurückgekehrt, der ebenfalls im 5. Haus liegt. Ich muss nicht auf den Widerspruch zwischen Venus-Jupiter und Saturn im 5. Haus hinweisen. Ihr Mann sah sich der Tatsache gegenüber, älter zu werden, und das könnte das *ewige Kind (puer aeternus)* in ihm erweckt und ausgelöst haben – aus Verzweiflung, dass die Zeit abläuft. Jupiter hat im Transit die Sonne überquert. Dabei löste er deren Radix-Quadrat zu Uranus aus, die Mond-Uranus-Konjunktion und das Sonne-Mond-Quadrat.

Connie: Und warum konnte es dann nicht einfach eine lange Reise sein?

Liz: Vielleicht ist es eine lange Reise. Saturn im Transit auf der Venus sowie Saturn bei der Rückkehr zu seinem Ort ist nichts, was auf ein Sichverlieben schließen lässt. Es ist hier ein anderes Bild erkennbar: Saturn-Jupiter-Uranus bedeutet einen Kampf zwischen dem reifen, verantwortungsbewussten Ehemann und dem *ewigen Kind*, der niemals wirklich ausgetragen worden war. Bevor wir auf Ihre Transite schauen, sollten Sie vielleicht ein Gefühl für dieses Bild bekommen.

Warum manifestieren sich diese Aspekte durch eine Affäre statt durch eine Reise? Eine Affäre ist einer der machtvollsten und transformativsten Wege der Begegnung mit dem Leben. Reisen war früher geheimnisvoll, gefährlich, aufregend und Labsal für die Seele. Es kann auch heute noch romantisch sein, allerdings machen sich nur sehr wenige Leute die Mühe, die ausgetretenen Pfade zu verlassen. Und es gibt immer weniger unbekannte Wege. Heutzutage telefoniert man mit seinem Reisebüro, bucht mit der Kreditkarte, verlässt den Flughafen, nimmt eine nach nichts schmeckende, plastikverpackte Mahlzeit zu sich, sieht sich einen schrecklichen Film an, schläft ein wenig und kommt schließlich auf einem anderen, identischen

Flughafen an. Man wohnt in einem modernen Hotel, das aussieht wie jedes andere moderne Hotel, lässt sich am Strand knusprig braten und fährt wieder nach Hause. Selbst der Mount Everest ist langweilig geworden – mit den Handys und vielen Notlagern, sollte es einmal etwas heikler werden. Und die Gefahren des Reisens sind allesamt nur zu gut bekannt. Sich am falschen Ende einer Kalaschnikow in den Händen von Terroristen zu befinden, wiegt das delikate Mysterium einer verbotenen Liebe bei weitem nicht auf. Liebesaffären haben viele Ebenen, die uns alle auf eine machtvolle Weise lebendig fühlen lassen. Die »verbotene« Affäre stellt eine Form der Rebellion dar. Was Ihren Mann betrifft, sagt sie – nicht unbedingt Ihnen gegenüber, sondern dem Leben – etwas aus: dass er nicht stillschweigend alt zu werden gedenkt.

Die Venus Ihres Ehemannes wird jetzt im Trigon von Pluto aspektiert, nachdem Saturn sie gerade in der Mangel gehabt hat. Insofern lebt seine Widder-Venus im 5. Haus wieder auf. Die Venus-Jupiter-Konjunktion im Widder könnte Teil des großen Pakets an ungelebtem Leben gewesen sein, das dem Anschein nach vor sechs Monaten in das Bewusstsein Ihres Mannes aufgestiegen ist. Saturn ist eine ganze Zeit lang über die Venus-Jupiter-Konjunktion hin und her gestampft, bevor die Affäre schließlich begann. Wenn Saturn über einen ungelebten Teil des Horoskops läuft, erkennen wir plötzlich, dass wir etwas nicht gekriegt haben.

Connie: Ist das meine Schuld?

Liz: Ich glaube nicht. Ihr Ehemann ist verantwortlich dafür, was er von seiner Seele lebt und nicht lebt, genauso, wie Sie verantwortlich dafür sind, was Sie von Ihrer leben oder was nicht. Sie haben ihn nicht dazu gezwungen, sich auf eine bestimmte Weise zu verhalten. Selbst wenn Sie es versucht hätten, hätte er doch die Wahl gehabt, es zu tun oder nicht. Er hat sein eigenes Drehbuch gehabt bei seinem Versuch, einen konventionellen Ehemann abzugeben. Es mag ein geheimes Einvernehmen für Ihre Art von Ehe gegeben haben, die gewisse

Dimensionen von Ihnen beiden erstickte. Das ist aber nichts Ungewöhnliches – schließlich machen es die meisten Leute so. Es ist nicht Ihr Fehler, wenn er plötzlich das Gefühl hat, dass das Leben ihm davonläuft. Weil Saturn vor der zweiten Rückkehr diese Konjunktion aktivierte, dürfte Ihr Mann sich gesagt haben: »Mein Leben verrinnt. Wo sind die Herausforderungen? Wo ist die Spannung?« Venus-Jupiter im Widder ist unheilbar romantisch, wenn auch nicht auf neptunische Weise, bei der wir uns danach sehnen, uns zu verlieren. Hier geht es dagegen um eine große, theatralische, zum Mythos werdende Form.

Teilnehmer: Diese Stellung bedeutet Spannung und Freude an der Jagd.

Liz: Ja, und das, was man schon hat, kann man schließlich nicht jagen. Venus-Jupiter möchte, besonders im Element Feuer, aus der Normalität ausbrechen und jederzeit wunderbare, aufregende Erlebnisse haben. Dafür braucht es aber nicht zwangsläufig einen Seitensprung. Treue fällt allerdings damit nicht leicht. Jupiter und Venus sind die am wenigsten treuen Gottheiten der griechischen Mythologie; beide neigen gewohnheitsmäßig zum Betrug. Es hat seine Vorteile, eine wilde Jugendzeit zu erleben; spätere solide Beziehungen werden dann möglicherweise nicht mehr als beschränkend erfahren. Und selbst wenn man sich frustriert fühlen sollte, ist die Frustration doch nicht von dem Gefühl überlagert, dass man schlecht weggekommen ist. In Ihrer Generation war es nicht möglich, als junger Mensch eine solche Radix-Konfiguration auszuleben. Sie beide haben Ihre Jugend im England der Kriegsjahre verbracht, die der überschießenden Venus-Jupiter-Fröhlichkeit nicht eben förderlich waren. Wenn Ihr Ehemann einiges von diesem Überschwang früher hätte leben können, wäre der Saturn-Transit jetzt vielleicht nicht so schwierig für ihn geworden. Ich glaube, dass er nun etwas in sich zu entdecken versucht, wenn vielleicht auch auf eine ungeschickte und kränkende Weise.

Nun Connie, was versuchen Sie zu entdecken? Ihr Ehemann ist nicht hier, um für sich zu sprechen – im Gegensatz zu Ihnen. Pluto steht im Transit auf Ihrer Sonne. Dieser Transit hat viele Bedeutungsebenen, darunter die Lösung vom Vater und als Resultat davon die Geburt Ihrer eigenen Individualität. Ich glaube, dass die emotionale Erfahrung des Vaters erst jetzt aus Ihrem Unbewussten aufsteigt und dass Sie sich dessen klar werden müssen. Der Transit-Uranus steht in Opposition zu Ihrer Mond-Pluto-Konjunktion. Das kommt noch zu dem angezeigten innerlichen Befreiungsprozess dazu. Sie machen sich jetzt los, nicht nur von Ihrem Vater, sondern auch von der Mutter. Ein elterliches Muster bricht auf, und ein familiärer Komplex wird freigesetzt.

Connie: Es ist seltsam, dass Sie das sagen. Ich habe mich sehr bemüht zu verstehen, was geschehen ist, ich habe alles gedreht und gewendet und kaum irgendwelche Einsichten gewonnen. Bei aller Wut und Anspannung und Toben – ich hatte zum ersten Mal das Gefühl, über den Berg zu sein, als ich laut sagte: »Reiß dich zusammen, um Gottes Willen. Du bist schließlich nicht seine Tochter!«

Liz: Vielleicht waren Sie auf einer bestimmten Ebene seine Tochter. Indem Sie sich bewusst machten, nicht seine Tochter zu sein, haben Sie Abstand zu den schmerzhaften Erfahrungen Ihrer Kindheit gewonnen, die sich mit den gleichermaßen schmerzhaften Emotionen der Gegenwart vermischten. Der Unterschied besteht darin, dass sich für das Kind das Verlassenwerden anfühlt wie der Weltuntergang. Man ist ein passives Opfer; man kann nichts tun außer trauern und toben. Als Erwachsener hat man neben Trauer und Wut noch andere Möglichkeiten, man ist nicht mehr passiv wie das Kind. Man hat womöglich keine Kontrolle über die Situation – man kann aber bewusste Entscheidungen treffen und erkennen, dass es eine Zukunft mit oder ohne den Partner gibt. Das kleine Kind aber glaubt, ohne Eltern keine Zukunft zu haben.

Wegen des Uranus-Transits in Opposition zu Mond-Pluto geht es um mehr als die Wiederholung oder auch die Heilung des Verlustes des Vaters. So wie Ihr Mann etwas von sich enthüllt hat, glaube ich, dass Sie etwas über sich entdeckt haben. Ich vermute, dass Sie sich lange Zeit mit der mütterlichen Rolle identifiziert haben, als Kompensation für Ihre frühen Jahre in einer Familie, die durch die Kriegserfahrung schrecklich beeinträchtigt war. Wahrscheinlich haben Sie verzweifelt eine Art Sicherheit aufrechtzuerhalten versucht, die Ihnen selbst nicht vergönnt gewesen war. Dieser Uranus-Transit sagt etwas aus über die Trennung von der Mutter und darüber, sich von einer bestimmten Rolle zu lösen, die Sie zu Hause gespielt haben. Wenngleich Sie ein doppelter Schütze sind, würde ich vermuten, dass die Mond-Pluto-Konjunktion sehr dominant war. Vielleicht haben Sie das Element Feuer Ihres Horoskops weitgehend unterdrückt.

Connie: Ich habe das Feuer äußerlich gelebt, ich war Schauspielerin. Sie haben aber Recht – zu Hause war ich jemand ganz anderes.

Liz: Gut zu wissen, dass Sie Ventile für Ihr extrem feuriges Horoskop gehabt haben. Ich bin sicher, dass das sehr hilfreich war. Viele Menschen spielen in ihrer Ehe eine andere Rolle als in der Außenwelt. Das häusliche Leben ist der Oft, wo häufig familiäre Komplexe die Kontrolle übernehmen. Die Hingabe an die Familie könnte eine Kompensation für die Unbeständigkeit der frühen Jahre gewesen sein – ähnlich der Kompensation Ihres Mannes, der die Vaterrolle zu stark betonte, weil ihm selbst der Vater gefehlt hatte, und der darüber die Uranus-Jupiter-Person in den Hintergrund drängte, die er wirklich ist. Die Kindheit in Kriegsjahren mit einem Vater, der jede Minute hätte sterben können, und einer Mutter, die häufig ängstlich und depressiv gewesen sein dürfte, hat Sie geprägt. Die Auswirkungen solcher kollektiven Katastrophen auf den einzelnen Menschen sind ungeheuer.

Ihre Mond-Pluto-Konjunktion lässt auf eine große Empfänglichkeit für diese frühe Atmosphäre von Dunkelheit und Depression schließen. In einem überdurchschnittlichen Maß waren Sie sich des Unglücks Ihrer Mutter und der Allgegenwart des Todes bewusst. In Ihrem Horoskop ist da noch das Saturn-Pluto-Quadrat, das eine fortwährende Bedrohung erkennen lässt sowie einen starken Überlebensdrang, wie schwierig die Umstände auch sein mögen. Dieses Quadrat ist ein Generationsmerkmal. Es fällt mit dem Ausbruch des Krieges zusammen und beschreibt die Wahrnehmung einer Gefahr in der kollektiven Umgebung, wodurch die Überlebensinstinkte mobilisiert werden. Das Bedürfnis nach Stabilität kann vor diesem Hintergrund und dieser Stimmung geradezu übermächtig sein, selbst wenn die wichtigsten Konfigurationen des Horoskops eher auf Abenteuergeist und Ungestüm schließen lassen. Nun ist etwas in Ihnen freigesetzt worden, und zwar durch das Mittel der Dreiecksbeziehung.

Connie: Ich habe das Gefühl, dass etwas anders wird. Eine Zeit lang dachte ich, ich könnte das alles nicht überstehen. Jetzt aber beginne ich zu erkennen, dass ich noch immer da bin. Das Schlimmste ist vorüber, und es gibt mich noch immer.

Liz: Sind Sie einverstanden, dass wir mit der Diskussion weitermachen? Ich weiß, dass es schwierig ist, darüber vor einer Gruppe zu reden.

Connie: Ja. Ich hatte gehofft, dass Sie auch zu dem dritten Horoskop etwas sagen können, so wie Sie es bei meinem Mann getan haben.

## *Das Objekt des Betrugs*

Liz: Ich werde einige wichtige Konfigurationen anführen. Von dieser Frau ist keine Geburtszeit bekannt. Sie haben mir ein »nacktes« Horoskop gegeben, sodass wir keinen Aszendenten haben. Wir wissen aber, dass sich ihre Sonne im Skorpion befindet, im exakten Quadrat zu Pluto. Ihr Mond steht im Schützen.

Die genaue Gradzahl kennen wir nicht, weil wir die Geburtszeit nicht wissen. Mit dieser Schütze-Seite ist sie – wie Sie, Connie, auch – ein guter Freund. Und sein Schütze-Aszendent bedeutet, dass er sich zu ihr ebenfalls als Freund hingezogen fühlt. Es gibt des Weiteren eine Gruppe von Planeten – Mars, Saturn und Uranus – in den Zwillingen. Auf welchem Grad der Mond sich auch befinden mag, er steht zum einem oder anderen davon oder auch zu allen in Opposition. Pluto könnte jetzt in Opposition zum Mond stehen, vielleicht ergibt sich das aber auch etwas später. Im Augenblick jedenfalls befindet er sich gegenüber von ihrem Radix-Uranus, der Ihrer Radix-Sonne genau entgegengesetzt ist. Was lässt sich daraus schließen, wenn wir uns die Worte von Toni Wolff vergegenwärtigen? Was bedeutet das Objekt des Betrugs für Connie und ihren Mann?

Teilnehmer: In allen Leuten, die ich kenne, geht unter diesem Pluto-Transit zum Radix-Uranus etwas vor. Der Transit scheint etwas zu enthüllen, das bis dahin verborgen war. Vom Beginn dieser Diskussion an hatte ich das Gefühl, dass das, was geschah, das Beste war, was jetzt geschehen konnte. Wenn diese Aufspaltung gegeben ist und der Mensch sie nicht ausleben kann, wird sie verewigt. In dem Augenblick aber, wenn die Wahrheit sich enthüllt, kann die Aufspaltung freigesetzt werden; die Aspekte, die im Verborgenen existierten, können ans Licht kommen und gelebt werden. Diese drei Menschen sind allesamt schützebetont. Ich denke, dass Schützen immer in dem fortwährenden Konflikt zwischen ihrem Wunsch nach Freiheit und einer starken Hingezogenheit zum Konventionellen leben. Ich denke, dass dies der Aufspaltung zugrunde liegt.

Teilnehmer: Das Objekt des Betrugs ist doch aber ein Skorpion, mit einem Quadrat zwischen Sonne und Pluto. Das ist doch etwas ganz anderes.

Liz: Sie hat in der Tat die Sonne im Skorpion im Quadrat zu Pluto, und Connie hat den Mond in Konjunktion zu Pluto. Es hört sich an, als ob Connie die Mond-Pluto-Konjunktion durch ihre tiefe Hingabe an die Familie gelebt hat – und jetzt lebt durch ihr emotionales Leiden. Das Objekt des Betrugs … Sollen wir ihm einen Namen geben, Connie?

Connie: Wir könnten es Phyllis nennen.

Liz: Gut. Phyllis entdeckt womöglich ihre plutonische Seite durch den Betrug an ihrer Freundin sowie durch die intensive Bindung an Connies Mann. Es hat etwas von einem Spiegelkabinett. Sie haben die Sonne und den Aszendenten im Schützen, Sie scheinen sie aber in Ihrer Ehe nicht gelebt zu haben, Connie. Ihr Mann hat ebenfalls einen Schütze-Aszendenten, und auch er hat ihn anscheinend nicht gelebt. Nun kommt die dritte Partei auf die Bühne, die den Mond im Schützen hat. Überall wird Jupiter-Energie freigesetzt, und es ist der Pluto-Transit, der sie hervorbringt. Auch plutonische Energie könnte nun zum Ausbruch kommen – ich bin ziemlich sicher, dass auch Phyllis ein ungelebtes Leben hat, das sich nun in der Dreiecksbeziehung bemerkbar macht. Ist sie ebenfalls verheiratet, Connie?

Connie: Nein. Sie war es einmal, hat sich aber scheiden lassen. Sie sagte, dass sie frei sein wollte.

Liz: Und jetzt entdeckt sie ihre plutonische Seite. Gut. Die Götter lassen sich nicht täuschen.

## *Der Skorpion und der Zentaur*

Teilnehmer: Es scheint mir, dass jetzt alles freigesetzt wird.

Liz: Ich stimme Ihnen zu. Sowohl in Connie als auch in Phyllis gibt es eine Jupiter-Pluto-Kombination von Energie. Das mag ein Grund dafür sein, dass sie Freunde wurden. Sie sind sich gegenseitig ein Spiegel. Sie haben zwar nichts im Skorpion, Connie, aber bei Ihnen gibt es das Trigon zwischen Sonne und Pluto und, noch wichtiger, diese machtvolle Konjunktion zwischen Mond und Pluto. Auf der emotionalen Ebene sind Sie sehr, sehr intensiv. Es existiert etwas zwischen Ihnen und Phyllis, von dem Sie meiner Meinung nach viel lernen können. Grundsätzlich geht es um die gleichen Energien, allerdings haben Skorpion und Schütze eine natürliche Antipathie. Sie teilen zwar die Liebe zum Drama, die Basis des Dramas ist aber eine ganz andere. Während der Skorpion dunkel ist, ist der Schütze hell. Der skorpionische Sinn für das Dramatische erwächst aus dem Gefühl, dass alle emotionalen Begegnungen ein Kampf auf Leben und Tod sind. Der schützehafte Sinn für das Dramatische geht aus der Wahrnehmung eines Bereichs hervor, der umfassender ist als das Leben – ein Ort, wo die Götter in ihrer glänzenden Pracht zu sehen sind. An einem schlechten Tag nimmt der Skorpion den Schützen als oberflächlich, scheinheilig und falsch wahr, während der Schütze den Skorpion negativ, destruktiv und manipulativ findet. Zwischen beiden besteht eine archetypische Dichotomie.

Mythen erzählen uns viel Interessantes über die Beziehung dieser beiden Zeichen. Mit dem Skorpion verbindet man für gewöhnlich Herakles Kampf mit der Hydra. Er muss gegen dieses schreckliche, schleimige Unwesen kämpfen, das neun Köpfe hat, in einer dunklen Höhle lebt und Menschen frisst. Es gelingt ihm nicht, die Kreatur aus ihrem Versteck zu locken; erst als er brennende Pfeile in die Höhle schießt, wird sie ans Licht getrieben. Dann kann er sie nicht auf die normale Weise töten, denn jedes Mal, wenn er ihr einen Kopf abschlägt, wachsen neun neue nach. Er kann sie schließlich nur besiegen, indem er sie hoch ins Sonnenlicht hält, was ihren Tod bedeutet. Dieser Mythos handelt davon, dass etwas aus den Tiefen der Dunkelheit ans Licht kommt. Er stellt ein sehr skorpionisches Bild dar – den Hinweis auf das destruktive Monster, das im Inneren verborgen ist, und die letztendliche Transformation, wenn es dem Licht der Bewusstheit ausgesetzt wird.

Nach dem Sieg über die Hydra verlässt Herakles den Schauplatz. Seine Pfeile aber sind vom Blut der Hydra benetzt, das ein tödliches Gift darstellt. Auf dem nächsten Halt seiner Reise trifft er seinen Freund Chiron, den Zentauren. Zwischen Herakles und einigen nervigen, unzivilisierten Zentauren aber kommt es zum Kampf. Chiron gerät zwischen die Fronten und wird von einem Pfeil mit dem Hydra-Gift verletzt. Chiron ist zwar weise und selbst eine Gottheit, aber doch nicht immun gegen die Nachwirkungen von Herakles Kampf gegen die Hydra, genauso wenig, wie wir immun sind gegen die Ausbrüche kollektiver dunkler Emotionen wie dem Krieg.

Diese psychologischen Auswirkungen können sich über Generationen erstrecken, wie jedes Kind oder sogar Enkelkind eines Holocaust-Überlebenden Ihnen bestätigen kann. Hinter der charakteristischen Lebensfreude und Zuversicht des Schützen gibt es immer das dunkle, alles überlagernde Gefühl, dass das Leben schreckliche, ungerechte Wunden zufügen kann. Das ist der Grund, warum für den Schützen der Sinn des Lebens so wichtig ist. Er muss die Welt als bedeutungsvoll empfinden, um in der Dunkelheit im Leid um sich herum einen Sinn sehen zu können. Dies ist eine der Funktionen der Religion wie auch der Philosophie. Der Zodiak ist ein Kreis; jedes Zeichen nimmt das vorhergehende Zeichen auf und versucht, sich darüber hinaus zu entwickeln. Es geht auch um den Übergang vom 8. zum 9. Haus – in der Vergegenwärtigung dessen, was hinter ihm liegt, will der Schütze sein Gesicht dem Licht zuwenden und sich auf das universelle Bild beziehen. Es versteht sich von selbst, dass der Skorpion bei diesem Kampf dabei ist: Wenn die Hydra getötet werden soll, braucht es fortwährenden Mut und Konzentration. Die beiden Zeichen gehen dabei aber auf unterschiedliche Weise vor.

Diese Kombination von Energien ist in Ihrem Horoskop, Connie, sowie in dem Ihrer Rivalin. Jede von Ihnen könnte mit der anderen zu jedem Zeitpunkt tauschen und deren Rolle übernehmen. Im Augenblick scheint es Ihre Freundin zu sein, die die Jupiter-Rolle übernommen hat – als verantwortungsloses *ewiges Mädchen*, das keinen Respekt für die Institution der Ehe hat und mit dem Mann ihrer besten Freundin durchbrennt. Vielleicht spielt sie aber auch Pluto. Ich vermute, Sie sehen sie gerade als plutonisch: als Räuber und Verräter.

Connie: Ja. Und als heimlichtuerisch.

Liz: Sonne-Pluto und Mond-Pluto bei Ihnen legen aber nahe, dass auch Sie plutonische Qualitäten zum Ausdruck bringen können. Ich frage mich, inwieweit verborgene plutonische Dynamiken ein Mittel gewesen sind, durch das Sie sich der Loyalität Ihres Mann versichern wollten. Das könnte eine der schmerzhaftesten, aber auch heilsamsten Wahrheiten sein, die es für Sie gibt. Auf welche Arten haben Sie ihn zu »behalten« versucht, um sich vor dem Verlassenwerden und Schmerz zu schützen? Diese Erfahrung könnte Sie befreien – es ist nicht nur Ihr Ehemann, der befreit werden muss. Wie wir sahen, existiert in dieser Dreiecksbeziehung eine Eltern-Dimension. Es gibt aber noch so viel anderes mehr.

Connie: Wenn ich wirklich ehrlich zu mir bin, sehe ich, dass ich versucht habe, unsere Ehe zu kontrollieren. Ich weiß es. Ich vermute, dass es einen Missbrauch von Macht darstellt.

Liz: »Missbrauch« impliziert, dass es irgendwo ein Regelwerk gibt, in dem der »richtige« und »falsche« Umgang mit Macht festgelegt ist. Ich bin nicht sicher, dass das Leben so einfach ist. In intimen Beziehungen gehen wir alle in einem gewissen Maß emotional manipulatorisch vor. Meistens sind die Motive dabei vom emotionalen Standpunkt aus vollkommen gerechtfertigt; sie entspringen ganz einfach dem Wunsch, mit der Person zusammen zu bleiben, die man liebt und braucht. Und der Partner muss seinerseits bereit dazu sein, sich manipulieren zu lassen. Es ist ein Tanz zwischen zwei Personen. Vielleicht haben Sie manchmal zu viel des Guten getan. Bei Ihrem Hintergrund aber wäre es erstaunlich, wenn es anders gewesen wäre. Sie haben verzweifelt versucht, Ihre Ehe am Leben zu erhalten. Sie haben dies vielleicht auf eine Art getan, die es Ihrem Mann schwer machte, seine Jupiter-Uranus-Seite zu leben. Insgeheim aber war er einverstanden, wahrscheinlich aus ähnlichen Beweggründen. Nun ist es Zeit, dass dieses alte Muster ausgemerzt wird.

Teilnehmer: Sie erwähnten zuvor, dass Connies Mann den Saturn im 5. Haus hat. Das könnte einer der Gründe sein, warum für ihn Stabilität und Sicherheit so wichtig sind.

Liz: Ja, Saturn im 5. Haus lässt schließen, dass er die Liebe sehr ernst nimmt. Manche Menschen mit dieser Saturn-Stellung gehen tiefen Bindungen aus dem Weg, was aber für gewöhnlich eine Schutzmaßnahme ist, weil sie die Last einer potenziellen Verpflichtung fürchten. Von seinem Wesen her ist Saturn im 5. Haus in bezug auf Liebe treu und verantwortungsbewusst, auch wenn er das vielleicht nicht immer zeigt. Die Person aber, die von diesem Horoskop beschrieben wird, ist ein Wassermann mit einem Schütze-Aszendenten, einem sehr starken Uranus und Venus-Jupiter im Widder im 5. Haus. Saturn muss hart arbeiten, um all das zu unterdrücken.

Connie: Seine Wassermann-Seite zeigt sich jetzt in der Tat sehr deutlich. Er möchte, dass wir alle Freunde sind.

Liz: Du liebe Zeit! Wie auch immer, vielleicht wäre es einen Versuch wert, aus verschiedenen Gründen. Nicht zuletzt, weil sie viel über sich lernen könnten, wenn Sie das Verhalten Ihrer Freundin verstünden. Es könnte ebenfalls hilfreich sein, um klarer zu erkennen, was Ihr Mann wirklich tut. Sie würden es sich zu einfach machen, wenn Sie die Freundin beschuldigten, Ihnen den Mann weggenommen zu haben. Es wäre zu einfach, wenn Sie Ihre vermeintlichen Mängel als Ursache dafür sähen. Und es wäre zu einfach, Ihren Mann zu beschuldigen, abgestumpft und gefühllos zu sein. Zweifellos haben Sie all das eine Weile gefühlt – hinter dieser Orgie von gegenseitigen Beschuldigungen aber gibt es noch etwas anderes.

Ihr Ehemann könnte auf der Suche nach einer verlorenen Seite seiner Seele sein – einer Jupiter-Uranus-Seite –, die er in seiner neuen Liebe zu finden hofft, wobei er vielleicht auch einen Schock erleben wird. Ihre Freundin bietet mit dem Schütze-Mond und, aller Wahrscheinlichkeit nach, der Opposition zwischen Mond und Uranus einen geeigneten Anknüpfungspunkt. Sie selbst stellen ebenfalls einen guten Anknüpfungspunkt dar, weil Sie ein doppelter Schütze sind. Sie haben aber diese Seite von sich in der Ehe nicht manifestiert, und er war nicht in der Lage, sie durch Ihre Person zu erleben. Er sucht jetzt woanders danach. Und doch gehört diese Seite zu ihm. Wonach er nun sucht, ist vielleicht etwas, wonach auch Sie suchen und was Sie ebenfalls vollständiger leben sollten. Das könnte viel kreativer sein, als sich der negativen Seite von Mond-Pluto hinzugeben, was möglicherweise Ihre Mutter häufig tat: sich schikaniert und als Opfer zu fühlen. »Das Leben hat mir übel mitgespielt« ist ein beliebter Mond-Pluto-Ausspruch. Was Ihnen passiert ist, war auf der einen Seite wirklich schrecklich. Auf der anderen Ebene bedeutet es aber nicht, dass Sie als Frau »versagt« hätten. Es geht hier um drei Menschen, die ihre inneren Leben nicht in einem ausreichenden Maße gelebt haben. Jetzt verlangt das ungelebte Leben nach einem Ventil.

Connie: Alles, was Sie sagen, macht für mich Sinn. Ich muss über all das nachdenken. Ich weiß aber nicht, wie ich mit dem Schmerz umgehen soll.

Liz: Ich habe kein Gegengift, das ich Ihnen für den Schmerz verabreichen könnte. Ein Horoskop zu interpretieren lässt emotionales Leid nicht heilen. Die Einsicht kann Ihnen helfen, den Schmerz zu ertragen, sie wird ihn aber nicht verschwinden lassen. Er wird da sein, wie viel Verständnis Sie auch entwickeln. Sie sollten ihn nicht blockieren oder verleugnen, Sie müssen sich dem Prozess des Trauerns stellen, weil Sie sowohl im Inneren als auch im Äußeren etwas loslassen müssen. Pluto im Transit verlangt für gewöhnlich, dass wir etwas aufgeben, und das, was wir häufig als Erstes verlieren, ist unser Stolz. Was Sie erlebt haben, ist ein Betrug, und Betrug bildet den Kern aller Dreiecksbeziehungen. Betrug zerschmettert Ideale und Illusionen und treibt Schindluder mit unserem Stolz. Er zerstört auch die Identifikation mit unseren Eltern. Es gibt kein machtvolleres Instrument, die Nabelschnur zu zerschneiden als den Betrug. Er lässt uns erwachsen werden, ob wir nun der Betrüger, der Betrogene oder das Objekt des Betrugs sind.

Es könnte hilfreich sein zu überlegen, worum es Ihrer Meinung nach in Ihrer Ehe ging und wen Sie glaubten geheiratet zu haben. Zusätzlich sollten Sie einen schonungslosen und aufrichtigen Blick auf die Beziehung Ihrer Eltern werfen. Was für eine Ehe führten sie? Wissen Sie, aus welchen Gründen sie heirateten? Welche Gefühle hatte sie für ihn, welche er für sie? Je tiefer Sie blicken, desto deutlicher stellen Sie vielleicht fest, dass Sie in einer Art von Kokon lebten, der aus Ihren persönlichen Ansichten über Ihren Mann, über Sie selbst und das Wesen von Liebe bestand. Das trifft nicht nur auf Sie allein zu, es gilt in mehr oder weniger großem Maß für alle menschlichen Wesen. Manchmal steht das, was außerhalb des Kokons ist, in Übereinstimmung mit dem Inneren, manchmal nicht. Manchmal verändert es sich mit der Zeit, ohne dass jemand »schuld« daran wäre. Je mehr Sie herausfinden, inwiefern Ihre Fantasien, Erwartungen und Ängste das verdeckt haben, was Sie wirklich sind, desto freier werden Sie sein. Irgendetwas bricht nun zusammen, und ich glaube, dass es nötig für Sie ist, sich davon freizumachen. Ich will damit nicht sagen, dass Sie sich unbedingt von Ihrer Ehe freimachen müssen; man kann im jetzigen Augenblick auch nicht wissen, wie sich alles entwickeln wird. Vielleicht renkt sich alles wieder ein, vielleicht nicht. Aber selbst wenn es so sein sollte, wird da noch immer das Gefühl sein, dass Sie betrogen worden sind.

## *Das archetypische Wesen des Betrugs*

Es gibt einen sehr provokativen Essay mit dem Titel »Betrug« von James Hillman, der zusammen mit anderen Arbeiten in dem Band *Loose Ends* zu finden ist.[5] Ich würde Ihnen vorschlagen, diesen Aufsatz zu lesen und dabei der Episode vom Vater und Sohn besondere Aufmerksamkeit zu schenken, die am Anfang steht. Hillman schlägt vor, Betrug als eine archetypische Erfahrung zu sehen, die das wichtigste Instrument der Individuation darstellt. Es hat etwas Transformatives, wenn wir erkennen, inwiefern uns unsere Vorstellungen über das Leben und die Liebe davon abhalten, erwachsen und vollwertige Mitglieder der menschlichen Familie zu werden. Der Betrug ist das Mittel, durch das diese Vorstellungen ins Bewusstsein aufsteigen. Wir versuchen, uns und andere in unserer Fantasiewelt einzuschließen, was meist als Kompensation für kindlichen Schmerz zu verstehen ist. Weil jede Kindheit Schmerz bedeutet, sind unsere persönlichen Annahmen ebenfalls archetypisch; sie spiegeln eine alternative Kindwelt wider, die dem Garten Eden in seiner Unschuld und dem Zustand der Verschmelzung mit dem göttlichen Elternteil entspricht. Die Schlange im Garten Eden ist das Bild der archetypischen Rolle des Betrugs, der diesem Zustand der Unschuld innewohnt und der früher oder später auf die Bühne tritt, um die Verschmelzung zu beenden.

Es gibt keine Standardformel, wie man mit dem Schmerz des Betrugs umgehen könnte. Die archetypische Perspektive kann uns helfen, Dinge auf eine andere Weise zu sehen, der Schmerz aber verschwindet dadurch nicht. Es besteht allerdings ein Unterschied zwischen blindem Schmerz und Schmerz, der von Verständnis begleitet wird. Wenn Sie die Rolle der Frau spielen, die »versagt« hat, wäre das eine Sackgasse. Sie führt zu nichts, und Sie lernen dabei nichts. Sie verletzen nur sich selbst und setzen sich herab. Es ist auch nicht so, dass Ihnen Ihr Ehemann »genommen« wurde. Auch wenn die Sichtweise nur zu menschlich ist – es ergibt sich eben, dass jemand aufsteht und geht. Wenn Ihr Mann aber so passiv und leblos ist, dass jemand anderes kommen und ihn aus seinem Lehnstuhl klauen kann – was bedeutet es Ihnen dann noch, mit ihm verheiratet zu sein? Wenn Sie darüber auf eine neue Weise nachzudenken beginnen, kann daraus etwas sehr Positives erwachsen. Ich habe viel Vertrauen in Pluto-Transite. Wenn Pluto auf die Sonne kommt, ist das eine große Chance, zu einem wahren Individuum zu werden. Etwas muss enden, damit etwas Neues beginnen kann. Es ist eine Form der Geburt, ob Sie es glauben oder nicht.

Connie: Mir fällt es schwer, es auf diese Weise zu sehen.

Liz: Das ist verständlich. Sie könnten es aber versuchen. Erwarten Sie nicht, dass der Schmerz weggeht. Geben Sie sich den Wutausbrüchen hin, wenn Sie mögen. Denken und schreiben und sagen Sie schreckliche Dinge. Fangen Sie aber damit an, Fragen zu stellen.

## *Wiederholungszwang*

Teilnehmer: Ich habe eine Frage. Ich kenne einen Fall, wo ein junger Mann seine Freundin aus der Kindheit geheiratet hat. Sie arbeiten beide für ein Versicherungsunternehmen und haben einen Sohn. Jetzt hat der Mann seine Frau wegen einer anderen verlassen, die ebenfalls für diese Versicherung arbeitet, und auch sie haben nun einen Sohn. Ich kann verstehen, warum er das Bedürfnis hatte, aus der Ehe auszubrechen. Er fühlte sich dem Anschein nach in einem Kokon gefangen, und er wollte frei sein. Meine Frage: Warum ging er wegen einer Frau, die genauso ist wie die Frau, die er verließ?

Liz: Wir wissen nicht, ob die Frauen wirklich gleich sind, abgesehen davon, dass sie für die gleiche Versicherung arbeiten. Es könnte aber sein, dass sie einiges gemeinsam haben. So ist es auch normalerweise. Das unterstreicht, was ich über die innere Dynamik von Dreiecksbeziehungen und den Drang gesagt habe, ungelebte Facetten zum Ausdruck zu bringen. Ohne Bewusstheit besteht die Tendenz, dass sich emotionale Situationen wiederholen und dieselbe Dynamik zur gleichen Art von Partner führt. Man nennt das manchmal »vom Regen in die Traufe kommen«. Man hat das Gefühl, in einer schrecklichen, erstickenden Situation zu stecken, in der alles schief läuft. Dann glaubt man, die Erlösung gefunden zu haben – die Erlösung aber stellt sich als eine andere Version der Situation heraus, der man entkommen wollte. Das Problem besteht darin, dass man die innere Realität nicht erkannt hat, nach der man in Wirklichkeit sucht.

Viele Dreiecksbeziehungen wiederholen sich: die gleichen

Drehbücher und Rollen, allenfalls andere Kostüme. Einige Dreiecke aber sind tatsächlich transformativ. Sie brechen alte Elternmuster auf, wodurch die neue Beziehung authentischer und wertvoller wird. Oder das Dreieck dient dem Zweck, Energie und inneres Potenzial freizusetzen. Selbst wenn die alte Beziehung wieder aufleben sollte oder man sich mit keiner der beiden Parteien verbindet, ist doch alles anders geworden. Wir sind aber immer noch wir selbst, gleichgültig, ob sich äußerlich betrachtet etwas verändert hat oder nicht. Wenn wir ein inneres Problem nicht bewältigen, wird es sich in der neuen Partnerschaft wieder ergeben. Vielleicht versteht man sich mit dem neuen Partner besser – die eigene Psyche ist aber immer noch die gleiche. Vielleicht will Ihr Bekannter ja nicht erkennen, weshalb er sich beim ersten Mal auf diese Situation eingelassen hat. Vielleicht versucht er sicherzustellen, dass seine Sicht der Realität dieselbe bleibt. Er will, dass sein Leben anders wird, ohne dass er selbst sich ändern muss.

Teilnehmer: Als ich hörte, dass er die Ehe beenden will, dachte ich: »Ich kann verstehen, warum er diese Frau verlässt.« Dann fühlte ich mich sehr enttäuscht. Ich bin wahrscheinlich zu kritisch. Ich wollte, dass er sich mit einer exotischen Fächertänzerin einlässt.

Liz: Vielleicht hat er das ja getan; wir wissen nicht, was die beiden zu Hause machen. Wie dem auch sein mag – es gibt keine Garantie, dass wir aus unseren Erfahrungen lernen. Ich glaube, es gibt immer einen Grund dafür, warum sich eine Dreiecksbeziehung im Leben manifestiert. Wenn es dazu kommt, stehen damit wichtige Transite in Verbindung, wie bei Connie der Pluto auf der Radix-Sonne. Immer hängen damit machtvolle Transite zusammen, die uns etwas über die tiefere Bedeutung erzählen können. Wir haben aber keine Garantie, dass das Ego etwas davon lernen wird. Der Transit zeigt an, dass die Psyche etwas zum Leben erwecken will, etwas ins Bewusstsein zu rücken versucht. Wir können uns aber dafür entscheiden, der Gelegenheit den Rücken zuzuwenden, wir haben die Wahl. Unglücklicherweise lernen die meisten Menschen nur sehr wenig oder auch gar nichts. Sie werden von widersprüchlichen Emotionen zerrissen, und ihr Leben gerät in Aufruhr. Sie sind nachher keinen Deut bewusster als zuvor, nur älter und verbitterter.

Vielleicht endet die Neigung zu fortgesetzten Dreiecksbeziehungen mit dem Alter. Man wird zynisch und müde und will es nicht noch einmal versuchen, weil man weiß, dass es wieder so sein wird wie zuvor. Man lernt, sich mit dem Unglück zu arrangieren, und die Umgebung denkt, dass man nun endlich klug geworden ist. Resignation aber ist etwas anderes als Bewusstheit, und Verbitterung ist etwas anderes, als jemanden oder etwas wirklich loszulassen. Wie ich bereits sagte, gibt es keine Garantie, dass wir etwas lernen werden. Überdies können wir nicht immer tapfer und heldenhaft sein. Wir brauchen alle ein gewisses Maß von Vertrautheit in unserem Leben. Manche Leute suchen in ihrem unmittelbaren Umfeld nach Dreiecksbeziehungen, andere fahren dazu vielleicht auf die südliche Erdhalbkugel. Viel hängt hier davon ab, wie das individuelle Horoskop beschaffen ist. Möglicherweise kommt es innerhalb derselben Versicherungsfirma zu wahrhaft mythischen Reisen. Ob Ihr Freund etwas aus den Erfahrungen gelernt hat, muss dahingestellt bleiben. Vielleicht unterschätzen Sie ihn.

Teilnehmer: Ich habe die Feststellung gemacht, dass enorm viel Energie freigesetzt wird, wenn eine Dreiecksbeziehung auseinander bricht. Gleichgültig, ob die beiden Partner aus der ursprünglichen Beziehung sich mit den Geschehnissen arrangieren können oder nicht – sehr viel Energie kommt frei, häufig ohne dass man irgendetwas dafür tun muss. Man wacht morgens auf und spürt eine andere Energie in sich. Das gilt vor allem für langfristige Beziehungen, in denen es zu einer Art der Symbiose gekommen ist. Das Ende einer solchen Verbindung kann Partner aufblühen lassen. Die Schütze-Energie in Connies Horoskop sagt etwas aus darüber, Hoffnung und Vertrauen in die Zukunft zu haben. Das Resultat hat etwas zu tun damit, erwachsen zu werden und das Leben besser zu verstehen.

Liz: Eine Dreiecksbeziehung kann wie ein großes Trigon im Horoskop wirken. Die Energie kreist und kreist und findet kein Ziel. Ohne eine solche Dreiecksbeziehung würden die Personen dazu neigen, Facetten von sich auf andere zu projizieren. Dreiecksbeziehungen halten diese Projektionen an einem festen Ort, womöglich in Verbindung mit einem enormen Widerstand gegenüber Veränderungen. Man könnte sogar sagen, dass Dreiecksbeziehungen entstehen, *weil* es Widerstand gegenüber Veränderungen gibt; was immer vom Inneren her nach Ausdruck sucht, wird durch Projektion erlebt. Wenn ein solches Dreieck aufbricht, werden die Projektionen wieder frei. Psychische Energie wird freigesetzt, gleichgültig, ob durch den Tod oder einen freiwilligen Verzicht. Der Zeitpunkt ist dabei nicht zufällig. In einer, zwei oder allen drei Parteien haben die unbewussten Probleme schließlich eine Ebene erreicht, wo sie integriert werden können – und wenn sie sich lediglich dadurch auszeichnet, dass der Mensch loszulassen gelernt hat. In dem Augenblick, in dem wir dies zu tun imstande sind, werden uns die Projektionen bewusst.

Teilnehmer: James Hillman spricht von der Herrlichkeit der Vergebung als einer wichtigen spirituellen Erfahrung, einer Art von Gnade.

Liz: Ich kann mir nicht vorstellen, dass wahrhafte Vergebung anders möglich ist. Sie *ist* eine Art Gnade, und sie kann nicht durch den Willen erzwungen werden. Es ist sehr traurig, den Betrogenen sagen zu hören »Ich vergebe dir«, ohne dass er dies im Herzen fühlt, sondern es nur sagt, um den untreuen Partner zurückzubekommen. Unter der Oberfläche ist von Vergebung womöglich nichts zu spüren, im Gegenteil, die Bestrafung setzt sich unter Umständen ewig fort. All das kann vollkommen unbewusst ablaufen. Vergebung kann meiner Meinung nach nur aus der Erkenntnis erwachsen, dass wir anerkennen, insgeheim einverstanden gewesen zu sein, sowie daraus, Projektionen zurückzunehmen. Davor ist Vergebung nicht möglich. Sie scheint aus etwas hervorzugehen, das in uns integriert ist. Dieser ganze Prozess ist transformativ. Ich weiß nicht, ob der Akt der Vergebung bereits transformativ wirkt oder ob die Vergebung der Nebeneffekt der Transformation ist. Ich vermute, Letzteres ist der Fall. Wenn wir betrogen worden sind, können wir keine Vergebung erzwingen. Wir können nur daran arbeiten, das zu integrieren, was zu unserer Seele gehört.

Teilnehmer: Also handelt es sich in Wahrheit um etwas Innerliches und nicht um das, was äußerlich geschieht.

Liz: Das ist es, was ich damit meine, dass im Grunde Dreiecksbeziehungen unser ungelebtes psychisches Leben beinhalten. Etwas im persönlichen Bewusstsein beginnt sich zu verändern, wenn wir das anerkennen. Das ist der Grund, warum Toni Wolffs Tipp, der im ersten Moment etwas zynisch klingt, sehr ernst genommen werden sollte. Im Spiegel des Rivalen kann man sich zu erkennen beginnen. Man erkennt womöglich auch, dass der Partner etwas auslebt, das man selbst in sich unterdrückt hat. Wenn wir dies verstehen, wird etwas freigesetzt.

Teilnehmer: Sie hat das vielleicht nicht wörtlich gemeint.

Liz: Sie hat es wörtlich gemeint, und sie hat so gelebt. Natürlich hat sie es aber ebenfalls symbolisch gemeint. Der Rivale ist in einem selbst. Wenn wir den Rivalen als inneres wie als äußeres Wesen auch verstehen, bedeutet eine solche Einladung, dass wir unseren Schatten zum Tee bitten. Es bedeutet, eine Verbindung zu dem zu schließen, was wir von uns nicht leben.

Teilnehmer: Das hört sich so an, als ob es schwierig sein könnte.

Liz: Es ist auch schwierig, innerlich wie äußerlich. Wie bereits gesagt wurde, möchte man am liebsten etwas in den Tee tun. Und es gibt auch gute Gründe, warum wir bestimmte Dimensionen unserer selbst nicht leben. Es ist nicht so, dass sie an sich schrecklich wären – allerdings könnte das Ego sie schrecklich finden. Sie in unser Leben zu lassen und anzuerkennen, dass sie zu uns gehören, könnte unsere fundamentalsten Werte erschüttern. Den Rivalen zum Tee einzuladen ist gleichbedeutend damit, das Bild aufzugeben, das man das ganze Leben lang von sich gehabt hat. Ich glaube, dass in der Konsequenz das Ziel aller Dreiecksbeziehungen die psychologische Integration ist. Aber selbst dann, wenn äußere Planeten an Eltern-Dreiecken beteiligt sind, ist das, was wir am Elternteil so sehr lieben, doch ein Teil unserer eigenen Seele. Dieses »Etwas« mag uns auffordern, über unsere persönlichen Grenzen hinauszugehen und zu einer tieferen, umfassenderen Realitätsebene in unserem Leben vorzudringen. Nichtsdestotrotz ist es das, was unsere Lebensreise ausmacht.

## *Intime Begegnungen der uranischen Art*

Uranus im 4. Haus kann zunächst einmal auf den Vater projiziert oder durch ihn erlebt werden. In Connies Fall war ihr Vater am Anfang da, dann plötzlich war er verschwunden. Connie erlebte ihren Uranus im 4. Haus zunächst als äußerliches Ereignis. Später, als der Vater zurückkehrte, nahm sie Uranus als negativ wahr und bezog diese Eigenschaft auf den Vater. Im Endeffekt aber geht es um ihren Radix-Uranus, der etwas in ihrem Wesen symbolisiert. Uranus ist kein persönlicher Planet, er bringt den kollektiven Drang nach einem Ideal der Perfektion zum Ausdruck. Mit der Stellung im Stier kennzeichnet er eine Generation von Menschen, die nach neuen Definitionen von Sicherheit und neuen Werten suchen, die nicht so stark mit der materiellen Welt verknüpft sind. Weil diese Suche kollektiv ist, fällt es schwer, sie individuell anzuerkennen; viele Leute aus Connies Generation fühlten sich »gezwungen«, ihre materielle Sicherheit aufzugeben. Der Aufruhr des Zweiten Weltkriegs spiegelte das auf der äußeren Ebene wider. Wenn Connie mit Uranus Freundschaft schließen will, muss sie bereit dazu sein, ihre Vision auszudehnen und das Universum auf eine andere Weise zu sehen. Sie muss erkennen, dass größere evolutionäre

Muster am Werk sind, und zwar nicht nur in ihrem eigenen Leben, sondern im Leben der menschlichen Familie. Die Unabhängigkeit und die Distanz, die sie in negativer Form im Vater sah, könnten in ihrem Leben zu einer positiven Kraft werden.

Uranus ist für das Ego schwer zu verdauen, und das nicht nur, weil er ein kollektiver Planet ist. Er ist unverdaulich, weil er verlangt, dass wir Abstand gewinnen zu unseren Emotionen und Instinkten. Uranus ist der natürliche Feind des Mondes und bedroht unser tiefstes und ursprünglichstes Bedürfnis nach Sicherheit. Ihn in unserem persönlichen Leben zuzulassen heißt anzuerkennen, dass Beziehungen ohne fortwährende physische und emotionale Nähe existieren können. Uranische Bande sind mental und spirituell, sie werden genährt durch gemeinsame Ideale und das Bewusstsein, dass wir alle auf einer unendlichen evolutionären Reise sind, die ihren Anfang hatte in der Dämmerung der Zeit und deren ultimatives Ziel wir uns nicht einmal vorstellen können. Diese Bande mögen unzerstörbar sein – man kann sie aber nicht sehen, berühren oder im Zuhause erkennen. In diesem unermesslichen, unpersönlichen Kontext sind die kleinen Kränkungen und Enttäuschungen des Alltags banal und bedeutungslos. Damit kommt die lunare Seite von uns nur schwer zurecht. Unsere Gefühle sind damit nichts Besonderes mehr, auch unsere Liebe und unsere Verluste nicht.

Aus der Sicht des Mondes ist es keine Beziehung, wenn die geliebte Person nicht bei einem ist. Einige Menschen, die durch äußere Zwänge zeitweise voneinander getrennt waren, haben die Erfahrung gemacht, dass die Verbindung auf subtileren Ebenen fortbesteht. Dieser unsichtbaren Verbindung kann man sich in einer Freundschaft leichter bewusst werden. Ein Freund zieht vielleicht an einen weit entfernten Ort, und man sieht ihn nur alle paar Jahre. Wann immer es aber zum Kontakt kommt, geht die Freundschaft weiter, als hätte sich nichts geändert. Die Freundschaft lebt und entwickelt sich fort, ohne dass es eine erkennbare Anstrengung dafür gegeben hätte. Es gibt eine bemerkenswerte Novelle des australischen Schriftstellers Patrick

White mit dem Titel *Voss.*[6] Sie handelt unter anderem von dieser unsichtbaren Dimension von Beziehungen, die über Raum und Zeit hinausgeht. Denjenigen unter Ihnen, die – wie ich – Romane manchmal inspirierender finden als Lehrbuchtexte, möchte ich die Erzählung sehr ans Herz legen.

Wenn Uranus mit Beziehungen zu tun hat, fordert er uns auf, Verbindungen anzuerkennen, die nicht auf materiellen oder emotionalen Faktoren beruhen. Wenn er sich im 4. Haus befindet, trifft dies auf die Bande zu, die zum »Zuhause« und der »Familie« bestehen. Bei einem Uranus im 4. Haus lebt der Mensch womöglich in einem anderen Ort oder Land als dem der Geburt. Uranus im 4. Haus ist bei Connie die Beschreibung von etwas, das sie zunächst durch ihren Vater erlebte. Er ging, die Verbindung aber bestand fort. Er war nicht physisch oder emotional präsent, die Verbindung aber konnte nicht einmal durch Connies Negation ihrer Gefühle zerstört werden. Wäre sie zerstört worden oder hätte sie keine Bedeutung für ihr Inneres gehabt, hätte Connie sich nicht von den gleichen uranischen Eigenschaften in ihrem Ehemann angezogen gefühlt. Sie muss die uranische Fähigkeit, d.h. über die Emotionen hinaus die tiefere intellektuelle und spirituelle Basis der Beziehung zu erkennen, in ihr Bewusstsein integrieren. Auf der menschlichen Ebene hat sie ohne jede Schuld eine schmerzhafte und demütigende Erfahrung gemacht. Auf der tieferen Ebene aber gab es womöglich kein anderes Mittel, durch das sie mit dieser Dimension ihrer Lebensreise hätte in Kontakt kommen können.

## *Eltern-Signifikatoren als Symbole von ungelebtem Leben*

Wenn astrologische Symbole zunächst durch die Eltern und später durch eine Dreiecksbeziehung erlebt werden, in der sich die gleichen Erfahrungen wiederholen, beschreibt das etwas in uns, das gelebt werden muss. Planeten in den Häusern, die für die Eltern stehen, beziehen sich nicht nur auf Elternmuster. Sie beschreiben ungelebte Dimensionen von uns, besonders dann, wenn zwischen ihnen und anderen Faktoren des Horoskops ein Konflikt gegeben ist. Das wäre zum Beispiel der Fall bei einem Uranus im 4. Haus und einer Mond-Pluto-Konjunktion im 7. Haus. Mond-Pluto blickt auf Uranus und sagt: »Du hast nichts mit uns zu tun. Wir sind anders. Wir sind voller Liebe und zur Hingabe bereit. Mein Vater aber war kalt und eigensinnig und gedankenlos der Familie gegenüber. So ist jetzt auch mein Ehemann. Er hat sich gedrückt.« Oder man hat einen Jupiter im 4. oder 10. Haus im Horoskop, das sehr erd- und wasserbetont ist, und sagt: »Meine Mutter war egoistisch und fordernd. Ich bin nicht so.« Oder: »Mein Vater war eine verantwortungslose Frauenheld, ich bin aber anders.« Und doch ist es der persönliche Jupiter. Solange man ihn sich nicht zu eigen macht und integriert, mag er als ungetreuer Partner oder als das Objekt des Betrugs zum Ausdruck kommen. Wenn der Vater oder die Mutter den Archetypen nicht auf die eine oder andere Weise gelebt hat und dieser im familiären Unbewussten steckengeblieben ist, könnte man wider eigenen Willen selbst zum Betrüger werden, angetrieben von etwas, über das man keine Kontrolle hat.

Teilnehmer: Gilt das für alle Planeten im 4. oder 10. Haus?

Liz: Ja. Selbst wenn der betreffende Elternteil den Planet auf eine kreative Weise zum Ausdruck gebracht hat, ist es doch unser Planet, der zu unserem Schicksal gehört. Augenscheinlich aber ist es hilfreich, wenn wir ein positives Modell haben.

Teilnehmer: Es ist sehr viel schwieriger, diese Planeten in den Griff zu bekommen, wenn sie nicht von den Eltern dargestellt werden. Wir wissen dann nicht, wonach wir suchen sollen.

Liz: Es ist dann schwerer, wenn der Elternteil bestreitet, so zu sein. Manchmal haben wir es auch mit dem vollständig gelebten, allerdings destruktiven oder verletzenden Ausdruck eines Planeten zu tun. Das macht es ebenfalls schwierig – wir mögen den Planeten ablehnen, weil wir nichts Positives in ihm sehen können. Connies Uranus im 4. Haus hat sich äußerlich auf markante Weise manifestiert: Ihr Vater verließ sie. Das war eine sehr schmerzhafte Erfahrung. Als er zurückkehrte, verhielt er sich auf eine uranische Weise, brachte aber die weniger attraktiven Dimensionen des Planeten zum Ausdruck. Das war ebenfalls eine schmerzhafte Erfahrung. Zum Teil deshalb und zum Teil wegen des Konfliktes zwischen uranischen Attributen und anderen Eigenschaften in ihrem Horoskop wuchs Connie mit einer Angst vor Uranus-Energien auf, die sie in sich und ihrer Ehe zu blockieren versuchte. Dabei heiratete sie einen uranischen Mann, der die Sonne im Wassermann und beide Lichter im starken Aspekt zu Uranus hat. Es liegt eine gewisse archetypische Folgerichtigkeit in dem, was schließlich geschah.

Planeten in den Häusern, die für die Eltern stehen, müssen sich nicht äußerlich manifestieren. Uranus im 4. Haus muss keine Trennung im Kindesalter anzeigen; die Qualitäten und Muster, die mit Uranus einhergehen, können von dem betreffenden Elternteil radikal unterdrückt werden. Der Vater mag ein ausgeprägter Uranier sein; die Einstellung seiner Generation, die familiäre Verantwortung und möglicherweise noch andere Horoskop-Faktoren aber verdecken, welche revolutionären, inspirierten Qualitäten in seiner Seele verborgen liegen. Sein Kind spürt die fremdartige, kalte, brüske, losgelöste Energie, die er ausstrahlt, ohne sie verstehen zu können. Eltern-Signifikatoren müssen nicht notwendigerweise Geschehnisse beschreiben. Und sie zeigen auch nicht unbedingt an, wie sich der Vater oder die Mutter nach außen hin verhält. Sie stellen archetypische Muster dar, die wir mit ihm oder mit ihr gemeinsam haben. Allerdings könnte er oder sie das ganze Leben lang gegen diese Muster ankämpfen. Nehmen wir einmal Jupiter im 10. Haus als Beispiel. In den Mythen ist Jupiter der König der Götter. Er ist strahlend, gebieterisch und ein Schauspieler sowie derjenige, der den Dingen eine Form gibt. Er verführt Frauen und Jungen. Er schleudert Blitze, und der Himmel leuchtet; er lässt es donnern, und die Erde erbebt. Wir blicken auf unsere alte, gramgebeugte Mutter, die sich damit verausgabt hat, die

Kinder großzuziehen und die nun seit Jahren krank ist, und wir denken: »Das kann nicht stimmen. Was für eine dumme Interpretation. Das 10. Haus ist eindeutig nicht die Mutter.«

Wir könnten aber über diese Reaktion hinausgehen und anfangen zu beobachten. Wir könnten uns darüber klar werden, wie sie die ganze Familie von ihrem Bett aus kontrolliert und eine Atmosphäre verbreitet, die das Haus erfüllt; und wir erkennen vielleicht, dass sich alles in der Familie um sie dreht. Sie ist tatsächlich der Herrscher. Wenn es ihr schlecht geht, bekommen das alle mit, und niemand wagt, sich glücklich zu fühlen. Selbst der Hund traut sich nicht zu bellen, wenn sie wieder einmal ihre Kopfschmerzen hat. Wenn sie etwas will, bekommt sie es sofort, weil niemand einen Vorwurf von ihr ertragen könnte. Ihre Niedergeschlagenheit ist so dramatisch. Ihr Elend ist so theatralisch. Wir erkennen, dass sie Schauspielerin oder Vorstandsvorsitzende einer großen internationalen Firma hätte werden sollen. Damit wird uns möglicherweise klar, dass sie eine wahre, unverkennbare Jupiter-Persönlichkeit ist. Allerdings ein verkleideter, unbewusster Jupiter, der möglicherweise aus nachvollziehbaren Gründen unterdrückt wurde und nur auf Umwegen zum Ausdruck kommen kann. Und weil es unser Jupiter in unserem 10. Haus ist, müssen wir einen ehrlicheren und produktiveren Weg finden, ihn zu leben.

Teilnehmer: Woher wussten Sie, dass ich Jupiter am MC habe?

Liz: Ich wusste es nicht. Es war ein Glückstreffer. Ein Planet im 4. oder 10. Haus muss nicht auf augenfällige Weise zum Ausdruck kommen, er ist aber Teil dessen, was wir durch die Mutter oder den Vater erleben. Wenn sie oder er das archetypische Muster, das vom Planeten symbolisiert wird, nicht kreativ gelebt hat, ist es viel schwerer für uns zu erkennen, worum es geht. Wir erkennen vielleicht dann erst später durch eine Dreiecksbeziehung, wer wir sind. Der saturnische ablehnende Elternteil, der in der Dreiecksbeziehung zum kalten und abweisenden Partner wird, hat etwas mit unserem persönlichen Bedürfnis zu tun, Grenzen zu setzen. Lassen Sie uns aber diese fundamentale saturnische Erfahrung mit Abstand betrachten: Bedeutet Abweisung nicht einfach, dass jemand anders Grenzen setzt, die wir unerträglich finden? Es mag der persönliche Mangel an Grenzen sein, der zu einer Dreiecksbeziehung führt, in der wir der Betrogene sind und abgewiesen werden von einem saturnischen Partner, der sagt: »Ich will für mich sein.« Vielleicht sind wir auch der Betrüger und laufen vor einem Partner weg, der uns mit seinen emotionalen Bedürfnissen zu erdrücken scheint, aber insgeheim unsere Unfähigkeit widerspiegelt, mit dem Alleinsein zurechtzukommen. Die harten und schmerzhaften Lektionen, die aus diesen Erfahrungen erwachsen, sind Lehrstunden über das, was in uns unentwickelt ist.

Vielleicht müssen wir unsere ursprünglichen Leidenschaften wieder entdecken, weil sich Pluto im 4. oder im 10. Haus befindet. Wir haben sie uns nicht zu eigen gemacht und womöglich gesagt: »Meine Mutter regelte alles« oder »Mein Vater wollte alles kontrollieren«. Warum entwickeln Menschen derartige Tendenzen? Wenn jemand solche plutonischen Eigenschaften zum Ausdruck bringt, dann nicht deshalb, weil es ihm Spaß macht. Beziehungen sind in diesem Fall eine Frage von Leben und Tod, verbunden mit dem verzweifelten Bedürfnis, die geliebte Person zu behalten. Pluto wird immer dann mobilisiert, wenn man sich bedroht fühlt. Weil Menschen Angst davor haben, das Objekt ihrer Liebe zu verlieren, gehen sie auf eine manipulatorische Weise vor. Das gilt für uns alle, wenn es sich um Hingezogenheit auf einer bestimmten Ebene sowie um eine bestimmte Ebene der Bedrohung handelt. Wenn wir uns diese Attribute nicht zu eigen machen, kommt Pluto in einer Dreiecksbeziehung zum Ausdruck. Dann müssen wir uns womöglich mit der Erkenntnis auseinander setzen, wie Besitz ergreifend wir selbst sein können. Wir sind in diesem Fall vielleicht eine Beziehung mit einem eifersüchtigen Partner eingegangen und gelangen schließlich zur Erkenntnis: »Ich habe jemanden geheiratet, der genauso ist wie mein Vater/meine

Mutter.« Das ist eine nützliche Einsicht, allerdings erst der Anfang. Es ist unser eigener Pluto im 4. oder 10. Haus. Häufig erkennen wir diesen Planeten nur durch die Erfahrung des Betrugs. Wir entdecken das Gefühl der Leidenschaft: dass wir intensive Bedürfnisse haben, aus Verzweiflung zu Verrätern werden und auf eine manipulatorische Weise zu handeln beginnen. Kontrolle mag uns dann als einzig mögliches Mittel erscheinen, unser Überleben sicherzustellen. Dieser Prozess der Selbstentdeckung kann demütigend und erschreckend sein; er eröffnet uns aber die Möglichkeit, vollständig zu dem zu werden, was wir sind.

## *Schwache oder unbesetzte Elemente*

Neben den Planeten im 4. oder 10. Haus gibt es noch viele andere Faktoren, die uns erkennen lassen, welche ungelebten Seiten von uns durch Dreiecksbeziehungen angezeigt werden. Manchmal sind ungelebte Dimensionen an einem unbesetzten Element im Horoskop abzulesen. Häufig verkörpert der Rivale im Dreieck das Element, das wir selbst nicht ausdrücken können. Es muss nicht so augenfällig sein, dass wir keinen Erd-Planeten haben und beim Rivalen sechs Planeten im Steinbock stehen. Vielleicht befinden sich auch in unserem Horoskop Planeten in diesem Element, ohne dass wir uns aber gut mit ihnen verbinden können. Sie sind möglicherweise unentwickelt, oder das Ego bekämpft sie. Vielleicht hat unser Rivale aber auch einen Erd-Aszendenten oder einen Saturn in einem Eckhaus, der sehr stark zum Ausdruck kommt.

Wenn man sich in der Rolle der Betrogenen oder des Objekts des Betrugs wiederfindet, ist die Versuchung groß, sich selbst herabzusetzen und den Rivalen zu idealisieren. Dies ist eine Art und Weise, wie sich schwache Elemente bemerkbar machen können. Wir blicken auf andere und fühlen uns ihnen unterlegen, weil sie das zu haben scheinen, was uns fehlt. Anzuerkennen, dass der Rivale etwas hat, das wir selbst nicht zur Entwicklung bringen konnten, hängt aber nicht mit »Überlegenheit« zusammen und stellt nichts »Besseres« dar. Etwas entwickeln zu müssen, das eine andere Person problemlos zum Ausdruck bringen kann, ist nicht mit Unterlegenheit gleichzusetzen. Wenn man der Betrogene oder das Objekt des Betrugs ist, mag man im Inneren beim Blick auf den Konkurrenten oder die Konkurrentin empfinden: »Ja, diese Person hat etwas, das ich noch entwickeln muss.« Das liegt dann daran, dass unser Stolz herausgefordert ist. Wir werden die Dreiecksbeziehung aber nicht wirklich verstehen, wenn unser Stolz so groß ist, dass wir nicht in die Tiefe schauen können. Und wir werden ebenfalls nicht weit kommen, wenn wir allzu beschäftigt damit sind, alle Schuld auf uns zu laden und uns selbst herabzusetzen.

Vielleicht sehen wir auch mit Geringschätzung auf das schwache oder unbesetzte Element herab. Das ist das Gegenteil von Idealisierung und genauso häufig. Es handelt sich dabei um einen verbreiteten menschlichen Schutzmechanismus gegen das Gefühl der Unterlegenheit. In dem Bereich, für den wir nicht gut ausgestattet sind oder uns schüchtern oder unbeholfen fühlen, reagieren wir womöglich mit Geringschätzung auf diejenigen, die das haben, was uns fehlt – als Versuch, mit unserem Unbehagen zurechtzukommen. Vielleicht ist bei uns das Element Luft schwach ausgeprägt, und wir verabscheuen Intellektuelle, weil sie »Kopfmenschen« sind, »keine Gefühle haben« und »immer nur reden statt Erfahrungen zu machen«. Wir mögen ein gering besetztes Erd Element aufweisen und auf Menschen herabsehen, die auf die materielle Welt ausgerichtet sind – auf die »phantasielosen« und »starrsinnigen« »Langweiler« und »Materialisten« eben. Wir haben vielleicht Schwächen im Element Wasser und verachten Menschen, die ihre Gefühle zeigen, weil sie »hysterisch«, »manipulierend« oder »unfähig zu rationalen Gedankengängen« sind. Wenn unser Element Feuer nicht stark entwickelt ist, sehen wir womöglich Leute, die sich deutlich zur Geltung bringen, als »narzisstisch«, »aufdringlich«

oder »unsensibel« an. Geringschätzung ist sehr gebräuchlich, wenn man an einer Dreiecksbeziehung beteiligt ist, fast so wie Aspirin. Sie hilft, den Schmerz zu lindern. Nehmen wir aber dazu Zuflucht, entgeht uns vielleicht etwas extrem Wichtiges.

Ich hatte einmal auf einem Seminar ein außergewöhnliches Gespräch. Es ging eigentlich nicht um Dreiecksbeziehungen, allerdings kamen wir irgendwie auf dieses Thema, wie es häufig der Fall ist. Die Frau, um die es hier geht, hatte sich in der Rolle der Betrogenen wiedergefunden. Ihr Ehemann hatte eine Beziehung mit einer jungen Frau aus Südostasien begonnen, was nun zu einer vernichtenden Kritik an der Minderwertigkeit von Südostasiaten führte. Ich versuchte herauszubekommen, was eigentlich vor sich ging, und schließlich schauten wir auf den Wunsch der Frau in deren Horoskop. Ihre radikalen Aussagen gingen in der Tat mit einigen sehr schwierigen Themen in ihrem Radix einher, welche sie projizierte, nicht nur auf ihre Rivalin, sondern auf eine ganze Völkergruppe. Persönliche Kränkungen können sich mit tief verwurzelten Vorurteilen verbinden, und beide hängen mit starken unbewussten Gefühlen der Unterlegenheit zusammen. Wenn wir uns dabei ertappen sollten, so wie diese Frau zu reagieren, müssen wir sehr gründlich darüber nachdenken, was dem zugrunde liegt.

Wenn wir der Betrüger sind, mögen wir das unentwickelte Element auf zwei Menschen projizieren: den Betrogenen und das Objekt des Betrugs. Wenn bei uns das Element Wasser schwach ausgeprägt ist, haben wir vielleicht einen wassergeprägten Partner, der »manipulativ« und »erdrückend« ist sowie einen wassergeprägten Liebhaber mit einer »poetischen«, »fantasievollen« und »zärtlichen« Ader. Wenn Erde nicht zum Ausdruck kommt, mag unser erdbetonter Partner »fantasielos« und »langweilig« sein und der erdbetonte Liebhaber »sinnlich« und »mit den Füßen fest auf dem Boden stehen«. Wenn es uns an Feuer mangelt, ist unser feuriger Partner »unsensibel« und »dominierend«, unser feuriger Liebhaber aber »einfallsreich«, »romantisch« und »im Einklang mit dem Kosmos«. Der Betrüger, sich seines eigenen Problems nicht bewusst, erkennt nicht, dass dies beides Seiten der gleichen Energie sind und dass er beide in sich hat. Die Schwierigkeit, ein nicht entwickeltes Element zu integrieren, kann zu einer Art Aufsplitterung führen, die die Person in eine Dreiecksbeziehung treibt. Dabei zeichnet sich der Rivale nicht unbedingt immer durch das fehlende oder nicht ausgedrückte Element aus. Und als Betrüger nehmen wir es vielleicht in beiden Menschen wahr, zwischen denen wir stehen.

## *Spannungsaspekte*

Spannungsaspekte sind ein weiterer Horoskop-Hinweis auf Qualitäten, die womöglich nicht integriert worden sind. Auch sie können sich als Dreiecksbeziehungen auswirken. Wenn wir uns mit dem einen Planeten des Aspektes identifizieren und den anderen verleugnen, kann letzterer sich bemerkbar machen, indem er uns in eine Dreiecksbeziehung katapultiert. Wir mögen diesen Planeten als etwas erleben, das von außen kommt, durch die Ränke des Objekt des Betrugs, durch den Verrat des Betrügers oder durch den klammernden Griff des Betrogenen, der den Partner festhält. Ich möchte noch einmal auf Connies Horoskop eingehen, um zu sehen, welche Spannungsaspekte ihr schmerzhaftes Dilemma illustrieren. Welche Spannungsaspekte könnten Ihrer Meinung nach die Art von Projektion bedeuten, von der ich sprach?

Teilnehmer: Es gibt es ein T-Quadrat zwischen Venus, Jupiter und Neptun.

Liz: Ja. Es kann sehr lange dauern, bis ein T-Quadrat integriert ist. Wir sehen ein Quadrat zwischen Venus und Neptun, das von den Zeichen her keines ist, ein Quadrat zwischen Venus und Jupiter und eine Opposition zwischen Jupiter und Neptun. Erkennen Sie, was hier vor sich gegangen sein könnte? Was ist nicht gelebt worden?

Teilnehmer: Jupiter.

Liz: Ich neige dazu, Ihnen Recht zu geben, ungeachtet der Tatsache, dass Jupiter der Herrscher des Horoskops und Dispositor der Sonne ist. Connie scheint die Steinbock-Venus im Quadrat zum Jungfrau-Neptun recht gut zum Ausdruck gebracht zu haben, in Verbindung mit persönlichen Opfern, Treue, Hingabe und dem Wunsch nach fortwährender Nähe. Venus-Neptun versucht, geliebten Menschen selbstlos zu dienen, umso mehr im Element Erde. Was aber bedeutet das Venus-Jupiter-Quadrat?

Teilnehmer: Dass man sich an die erste Stelle setzt.

Liz: Ja, Venus-Jupiter ist auf das eigene Vergnügen fokussiert. Diese Verbindung kann extrem großzügig machen, die Großzügigkeit mag aber schwinden, wenn zu viele Opfer verlangt werden. Es ist die Großzügigkeit von jemandem, dessen Speisekammer gefüllt ist und der sich Mildherzigkeit leisten kann. Wenn es aber heikel wird, erkundigt sich Venus-Jupiter nach dem nächsten Flug: »Liebe sollte nicht schwierig sein. Ich will meinen Spaß haben. Sonst sehe ich mich halt anderswo um.« Vielleicht haben Sie diesen Aspekt auf der Bühne gelebt, Connie. Im persönlichen Leben aber, vermute ich, wurde Jupiter projiziert, besonders auch deshalb, weil sowohl Ihr Rivale als auch Ihr Mann jupitergeprägt sind.

Connie: Ich würde sagen, das stimmt. Ich hatte immer das Gefühl, dass er egoistisch war. Jetzt bin ich gezwungen, mich selbst an die erste Stelle zu setzen.

Liz: Sie sind dabei zu lernen, an sich selbst zu denken und darauf zu achten, dass man für seine emotionalen Investitionen im Gegenzug etwas Angenehmes zurückbekommt.

Connie: Das ist ein Ausdruck, den mein Vater benutzt hat: an sich selbst denken.

Liz: Das kann ich mir vorstellen. Eigenartig, wie er immer wieder in Erscheinung tritt.

Connie: Wie der sprichwörtliche falsche Fuffziger.

Liz: Bei einem Spannungsaspekt kommt es darauf an, die Balance zwischen beiden Planeten zu finden. Bei einem T-Quadrat wird meist mindestens ein Planet ins Unbewusste verbannt. Mit der Venus im Quadrat sowohl zu Jupiter als auch zu Neptun ist es nicht leicht zu entscheiden, ob man sich selbst aufopfern oder das persönliche Vergnügen und seine Erfüllung vor Augen haben soll. Auch wenn Jupiter in den Fischen steht, ist nicht davon auszugehen, dass er grundsätzlich zur Selbstaufopferung neigt. In dem Bereich, der von unserem Jupiterzeichen angezeigt ist, erleben wir Freude. Im Gegensatz zur verbreiteten Meinung sind Fische-Menschen nicht immer darauf aus, anderen beizuspringen. Der Fische-Jupiter kann eine unbändige Freude im Sich-Verlieren in emotionalen und kreativen Exzessen anzeigen – aus diesem Grund wird er mit Künstlern und speziell mit dem Theater in Verbindung gebracht. Schauspieler verfügen im Allgemeinen über ein ausgeprägtes Ego, wenngleich auch extreme und spontane Großzügigkeit in Form von erhabenen und edelmütigen Gesten zu beobachten sein. Connie zeigt vielleicht nicht die perfekte Balance zwischen diesen drei Planeten; es kommt aber darauf an, alle so weit wie möglich in Ehren zu halten. Einen davon zu verleugnen und zu projizieren kann eine Menge Ärger bringen.

# Weitere Horoskope

## *Luis: Mutterliebe*

Ich möchte Ihnen nun ein anderes Horoskop zeigen und weiter der Frage nachgehen, wie sich nicht integrierte Planeten in Dreiecksbeziehungen »materialisieren«. Das Horoskop wurde mir von Frances gegeben, die heute unter uns ist. Der Betreffende, der Luis genannt wird, ist nicht anwesend. Frances hat versichert, dass uns das Horoskop mit seinem Einverständnis zur Verfügung gestellt wurde. Ich vertraue darauf. Wir benötigen einige Informationen über Luis, bevor wir weitermachen können. Sie sagten, dass er Ihnen erlaubt hat, über das Horoskop zu reden und dass er nachher Ihre Aufzeichnungen lesen will. Ich gehe davon aus, dass es eine Dreiecksbeziehung in seinem Leben gibt.

Frances: Es gibt mehrere, von verschiedener Art. Luis Vater war ein sehr berühmter Mann. Er starb, als die Mutter schwanger war. Die Mutter heiratete zehn Jahre später erneut und zwar abermals jemanden, der berühmt war. Insofern gab es schon sehr früh eine Dreiecksbeziehung: Im Alter von zehn Jahren, als seine Mutter wieder heiratete – weil er sie so lange für sich gehabt hatte. Er selbst heiratete sehr früh. Nun hat er eine Beziehung mit einer anderen Frau, die ihrerseits verheiratet ist. Er arbeitet im Bereich der Psychologie, hat selbst aber niemals eine Therapie gemacht.

Liz: Bereitet ihm die Beziehung zu einer verheirateten Frau Schmerzen?

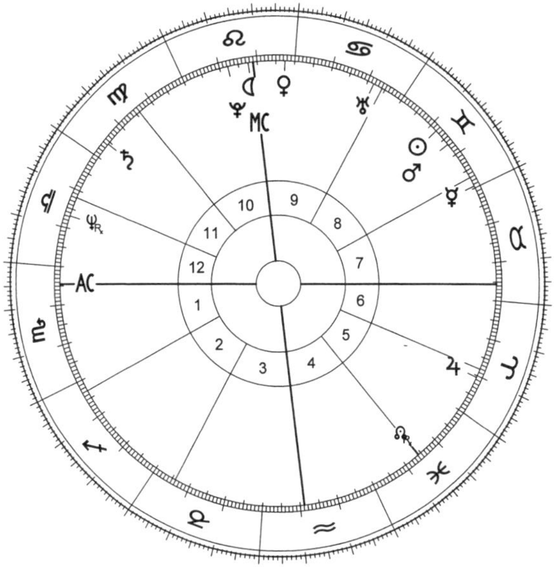


*Abbildung 4: Luis*
*(Daten aus Gründen der Vertraulichkeit nicht abgedruckt)*

Frances: Nein.

Liz: Ist er glücklich, dass es diese Dreiecksbeziehungen in seinem Leben gibt?

Frances: Ich denke, dass sie sich einfach so ergeben haben.

Liz: Also ist er nicht auf eine Beziehung mit nur einer Person aus. Einige Dreiecksbeziehungen wie diese scheinen sehr gut zu laufen. Die Beteiligten sind dem Anschein nach glücklich damit, abgesehen davon, dass es für gewöhnlich eine Person gibt, die nicht weiß, was los ist. Es würde für die anderen nicht funktionieren, wenn sie es herausbekäme – wofür die beiden meistens früher oder später sorgen. In Luis Fall wissen wir nicht, wie weit seine Frau und der Ehemann seiner Geliebten über die Situation Bescheid wissen.

Frances: Ich kann nichts dazu sagen. Ich vermute, dass Sie

Recht haben. Wenn seine Frau davon wüsste, würde sie nicht mitmachen.

Liz: Was lebt Luis durch dieses doppelte Dreieck aus? Es ist interessant, dass er seinen Vater niemals kennen gelernt hat. Das könnte mit seiner Sonne im 8. Haus im Trigon zu Neptun und im Quadrat zu Saturn zusammenhängen. Saturn ist einer der Herrscher des 4. Hauses. Uranus ist dessen anderer Herrscher, und er ist an der Generations-Opposition zu Chiron beteiligt. Luis Vater ist ein Rätsel; er verschwand ins Ungewisse. Er war, wie Sie sagten, ein berühmter Mann. Das muss man erst mal verkraften. Dann heiratete die Mutter den zweiten berühmten Mann. Wenn wir in den Ephemeriden nachschlagen, welche Progressionen und Transite zur Zeit dieser zweiten Heirat wirksam waren, hat es den Anschein, dass Luis progressiver Mond in Konjunktion zum Radix- sowie zum progressiven Chiron stand. Seine progressive Sonne hatte das Quadrat zum Radix-Saturn hinter sich gelassen, stand aber noch in der Nähe, und das progressive MC befand sich noch im Orbis einer separativen Konjunktion zum Radix-Pluto. Neptun hatte sich im Transit im Jahr zuvor auf seinem Aszendenten herumgetrieben. Diese planetarischen Bewegungen in ihrer Gesamtheit lassen mich vermuten, dass seine Mutter etwa ein Jahr vor der Heirat die Beziehung zu diesem Mann eingegangen war und dass eher dies als die formelle Zeremonie den eigentlichen Schock für Luis darstellte. Wie kam Luis mit seinem Stiefvater aus?

Frances: Offensichtlich sehr gut. Er hat kaum je etwas von Differenzen erwähnt.

Liz: Er hat aber auch nicht viel von Übereinstimmungen erzählt, nicht wahr? Wie wichtig für ihn die Beziehung zu seiner Mutter ist, kommt durch die Planeten am MC deutlich zum Ausdruck. Mutter ist alles. Sie ist Mutter und Geliebte, und seine Erfahrung ihrer Person scheint so machtvoll, dass seine verheiratete Geliebte nun ein Ersatz für ist.

Teilnehmer: Also wiederholt er in seiner Dreiecksbeziehung etwas.

Liz: Fraglos gibt es das Gefühl, dass sich die Beziehung zur Mutter wiederholt, wenngleich das wahrscheinlich nur ein Teilaspekt ist. Ist die verheiratete Dame unglücklich in ihrer Ehe?

Frances: Unglücklich würde ich es nicht nennen. Gelangweilt.

Teilnehmer: Es gibt hier dem Anschein nach ein gehöriges Maß an Narzissmus.

Liz: Könnten Sie näher erklären, was Sie damit meinen? Meinen Sie Narzissmus als pathologisches Muster?

Teilnehmer: Nein, eher im Sinne von Selbstbezogenheit. Es gibt viel Löwe-Energie am MC. Er will berühmt sein und glänzen wie sein Vater und sein Stiefvater.

Liz: Ja, die Betonung am MC legt nahe, dass es für ihn nötig ist, von anderen als wichtig angesehen zu werden. Die Meinung anderer bedeutet ihm sehr viel. Er will in den Augen der Welt etwas Besonderes sein. Ich denke aber auch, dass seine Mutter sehr viel von ihm erwartete. Warum heiratet eine Frau zwei berühmte Männer? Man fragt sich, was sich an ihrem MC befindet, das sie durch ihre Männer ausgelebt hat und von ihrem Sohn erwartet. Narzissmus als pathologisches Muster ist gewöhnlich mit dem Bedürfnis verbunden, für die Mutter der göttliche Kind-Erlöser zu sein. Die Mutter nimmt ihr Kind als etwas ganz Besonderes wahr; ein Gefühl für die eigene Identität besteht dagegen kaum. Ich vermute, das ist hier zumindest zum Teil der Fall. Luis war alles, was seiner Mutter von dem Mann blieb, der noch vor der Geburt seines Sohnes starb. Der Mond am MC legt eine machtvolle emotionale Verbindung nahe, und Pluto an dieser Stelle lässt darauf schließen, dass Luis sich des Kummers und des Verlustes sehr bewusst war, auch ihres Bedürfnisses, etwas Besonderes zu sein und sich mit besonderen Leuten zu umgeben.

Teilnehmer: Mit der Mutter scheint die Erfahrung des Todes verbunden zu sein.

Liz: Das denke ich auch. Das Bild der Mutter ist Mond-Pluto, und damit sieht er ihr Leben in gewisser Weise als tragisch. Sie ist eine ganz besondere Frau, die besondere Gaben hat sowie ein tragisches Schicksal. Er kann sie nicht verlassen.

Frances: Ich habe mich gefragt, warum er nicht an einer leidenschaftlichen Zweierbeziehung interessiert ist. Er hat den Mond und die Venus im Löwen, und Pluto neigt nicht zum Teilen. Ich finde es eigenartig, dass er damit zufrieden ist, mit jemand anderem zusammen eine Frau zu haben.

Liz: Er scheint die Verbindung zu seiner Mutter dadurch aufrechtzuerhalten, dass er sich gerade nicht auf eine leidenschaftliche Zweierbeziehung einlässt, ob nun zu seiner Frau oder seiner Geliebten. Das Ganze ist auf eine eigenartige Weise statisch, es vermittelt ein defensives Gefühl. Ich frage mich, was geschehen wird, wenn Pluto die Opposition zu seiner Sonne erreicht: Die Abgeklärtheit gegenüber seinen Beziehungen, von der Sie sprachen, passt nicht zu diesem Horoskop. Mond-Pluto und der Skorpion-Aszendent widersprechen dem Bild, das er präsentiert. Er ist nicht so distanziert, wie es den Anschein hat.

Teilnehmer: Er ist heute nicht hier. Er will seinen Nutzen ziehen aus dem, was wir an seinem Horoskop ablesen, er will sich aber nicht zeigen. Ich denke, dass er gut verbergen kann, was er will, es aber trotzdem bekommt. Wenn seine Mutter eine übermächtige, ehrgeizige, dominante Frau ist und er bereits in frühen Jahren gelernt hat, dass sein Überleben vom Verbergen abhängt, hat er vielleicht zu viel Angst vor ihr, als dass er sich emotional binden könnte. Vielleicht kann er auch nur Liebe erfahren, wenn er etwas von sich versteckt.

Liz: Ich stimme Ihnen zu. Ich vermute, dass er Angst vor seiner Leidenschaft hat. Es ist nicht nur seine Mutter, die er fürchtet, sondern die Macht seiner eigenen Emotionen. Ich denke nicht, dass er jemals eine andere tiefe Beziehung als die zu seiner Mutter gehabt hat.

Frances: Ich kann mir das auch nicht vorstellen. Seine Mutter ist zu mächtig.

Liz: Er hat sich noch immer nicht von ihr losgemacht. Diese Dreiecksbeziehung schützt ihn vor der Beziehung. Er hat noch nicht zu sich gefunden; psychologisch gesehen hat er den Mutterleib noch nicht verlassen. Ich vermute, dass er das tun wird, wenn Pluto im Transit gegenüber seiner Sonne steht.

Teilnehmer: Ruhm scheint ebenfalls ein Thema zu sein, einmal abgesehen von den Erwartungen seiner Mutter. Ich denke, dass er ihn selbst braucht.

Liz: Ja, er braucht ihn selbst, weil er Mond-Pluto an seinem MC hat. Er braucht ihn aber auf seine eigene Weise, nicht gemäß den Träumen seiner Mutter. Ist er berühmt, Frances?

Frances: Nein. Ich denke, er könnte es sein, aber er ist immer davor zurückgeschreckt.

Teilnehmer: Er will selbst berühmt sein, versteckt sich aber vor dem Leben und sucht nach dem Gefühl der Macht dadurch, dass er eines anderen Mannes teuersten Besitz an sich bringt. Das ist eine sehr zwillingshafte Art, Macht zu erlangen: etwas zu stehlen, was einem anderen gehört.

Liz: Das ist ein bisschen hart, was Sie vom Zwilling sagen, an Ihren Worten aber könnte etwas dran sein. Ich denke an den Mythos von Hermes, der Apollos Vieh raubt. Dabei geht es um mehr als die zwillingshafte Fingerfertigkeit. Luis kann den Kontakt mit seinem toten Vater nur dadurch herstellen, indem er sich das Objekt dessen Liebe zu eigen macht. Ein berühmter toter Vater ist ein schwieriger Widersacher im ödipalen Wettstreit. Luis Mutter möchte, dass ihr Sohn berühmt wird – für ihn bedeutet das aber die Forderung, seinen Vater zu imitieren statt die eigene Individualität anzuerkennen. Abgesehen von den Freudschen Implikationen muss ein Junge gegen seinen Vater kämpfen, um seine sich entwickelnde Maskulinität zu testen und sich von der Mutter zu lösen. Wenn der Vater aufgrund einer Scheidung nicht präsent ist, gibt es ihn zumindest irgendwo, und man kann ihn verbal beschuldigen. Der Sohn kann aktiv werden und ein wie auch immer geartetes Gespräch mit ihm führen. Wenn der Vater aber stirbt, bevor der Sohn ihn zu Gesicht bekam, ist er ein Gott. Er ist ihm nicht als Mensch erschienen. In Luis Fall kommt noch die Berühmtheit hinzu. Sein Vater ist in den mythischen Bereich entschwunden. Wie kann sich ein Junge gegen jemand erproben, der unsichtbar ist?

Sie haben etwas Wichtiges angesprochen: die Macht des Vaters, seine *mana*, dadurch übernehmen, dass man sich dessen Frau zu eigen macht. Sie wird repräsentiert durch die verheiratete Frau, mit der Luis eine Beziehung hat. Deren Ehemann hat einen kostbaren Schatz, der ihm genommen wird; vielleicht hat dieser etwas, das Luis Vater-Fantasien aktiviert. Wenn wir die Horoskope aller Beteiligten hätten, würde die Verbindung zwischen diesem Mann und Luis Vater vielleicht deutlich werden. Noch wichtiger für mich aber ist, dass diese doppelte Dreiecksbeziehung ein Schutz zu sein scheint. Luis ist noch nicht wirklich zu einem Individuum geworden, und das macht ihn verletzlich. Die augenblickliche Situation ist ein exzellenter Schutz gegen Verletzlichkeit.

Teilnehmer: Er nährt sich durch andere.

Liz: Das ist es nicht. Ich würde eher sagen, dass er den Mutterleib noch nicht verlassen hat. Er ist bis heute in psychologischer Hinsicht kein wirkliches Individuum.

Teilnehmer: Uranus kommt im Transit jetzt auf das IC. Ich frage mich, ob das mit dem Thema Vater zusammenhängt.

Liz: Ich bin überzeugt davon. Im Transit hat Uranus der Venus bereits gegenüber gestanden, im Augenblick befindet er sich am IC und in Opposition zum Mond. Dann kommt es zur Opposition zu Pluto. Luis Verbindung zur Mutter geht jetzt in die Brüche. Pluto in Opposition zur Sonne bedeutet die Loslösung vom übermächtigen Bild des Vater. Der ganze familiäre Komplex gerät nun ins Wanken.

Teilnehmer: Vielleicht geschieht etwas mit der Mutter, das ihn wachrüttelt.

Liz: Vielleicht gibt es ein konkretes Geschehnis. Genauso

wahrscheinlich ist aber, dass die von diesen Transiten beschriebene Trennung psychologisch ist und durch die Dreiecksbeziehung zum Ausdruck kommt. Lebt seine Mutter noch?

Frances: Ja.

Liz: Manchmal ergibt sich bei Transiten wie diesem über das MC oder IC ein tatsächliches Geschehnis, das mit den Eltern zu tun hat. Es kann zu einer Auseinandersetzung kommen, oder die Mutter oder der Vater wird krank oder stirbt sogar. Genauso häufig aber »passiert« nichts mit den Eltern. Etwas »passiert« in den Beziehungen des Betreffenden, weil die familiären Themen unterdrückt und projiziert worden sind. Weil diese Dreiecksbeziehung dem Anschein nach zumindest zum Teil aus der Wiedererschaffung einer originären Familiensituation hervorgegangen ist, könnte sie eine Befreiung von der psychologischen Last der Vergangenheit bewirken. Warum gab Ihnen Luis das Horoskop? Was geht jetzt in seinem Leben vor sich?

Frances: Er wollte kommen, hat es aber nicht geschafft.

Liz: Ich verstehe. Warum aber geschieht das jetzt? Er muss sich auf irgendeiner Ebene bewusst sein, dass im Inneren etwas geschieht. Ich hatte zunächst mit den Spannungsaspekten beginnen wollen, allerdings erwies sich das aus den angeführten Gründen als schwierig. Diese Dreiecksbeziehung hat etwas Unwirkliches, das es als Mittel erscheinen lässt, den Zustand im Mutterleib fortzuschreiben. Es geht darum, dass die Fruchtblase endlich platzen muss.

Teilnehmer: Dieser Mann hat anscheinend Angst vor mächtigen Frauen, und so treibt er sein Spiel mit einer etablierten Verbindung. Er behauptet seinerseits, dass es für ihn eine feste Beziehung ist – er könnte sich aber zu jedem Zeitpunkt daraus zurückziehen. Wenn jeder aus der Dreiecksbeziehung diese Spaltung in sich aufweist, will dann seine Geliebte nicht ebenfalls eine feste Beziehung vermeiden?

Liz: Wahrscheinlich weist sie eine ähnliche psychologische Dynamik auf. Das ist häufig bei dieser Art von Dreieck der Fall. Wie Luis auch ist sie vielleicht noch nicht vollständig entwickelt und nicht in der Lage, die Freuden einer wahren Beziehung zu genießen. Frances, Sie sagten, dass sich diese Dame in ihrer Ehe gelangweilt fühlt. »Gelangweilt« ist ein Wort, das mir Unbehagen bereitet, wenn es um jemanden geht, mit dem man zusammenlebt. Wenn der Ehemann so langweilig ist, sollte sie ihn vielleicht besser verlassen. Warum bleibt sie mit einem Langweiler zusammen?

Frances: Ich weiß es nicht.

Liz: Es scheint in dieser Dame ebenfalls eine Aufspaltung zu geben, die die in Luis widerspiegelt. Der »langweilige« Ehemann ist eine Art von mütterlichem/väterlichem Element, das sie davor bewahrt, sich voll und ganz auf das Leben einzulassen. Die Dreiecksbeziehung verschafft ihr die Illusion zu leben. Bei Luis ist es dasselbe. Keiner von beiden lässt sich wirklich vollständig auf die Beziehung ein. Es gibt keinen Streitpunkt; keiner von beiden verletzt den anderen, nichts geschieht.

Teilnehmer: Nur Spaß und Vergnügen.

Liz: Ja, nur Spaß und Vergnügen – was an sich nicht zu verurteilen ist. Vielleicht lässt die Psyche auch nicht zu, dass sich diese statische Situation weiterentwickelt. Es geht dabei nicht um den moralischen Aspekt; er bleibt den Beteiligten überlassen, niemand von uns kann darüber urteilen. Die Natur mag das Vakuum nicht, und die Psyche toleriert keine Stagnation. Vom moralischen Standpunkt aus ist diese Dreiecksbeziehung für die Beteiligten womöglich perfekt – allerdings bewegt sich nichts, und nichts wächst. Die bevorstehenden Transite könnten das ganze Muster erschüttern, weil sie etwas in Luis aufschließen werden. Über seine Gefühle zu der Frau wissen wir nur das, was Sie uns gesagt haben. Das ist nicht allzu aussagekräftig, weil er ihnen wahrscheinlich nicht die ganze Wahrheit gesagt hat. Er weiß sie selbst nicht.

Teilnehmer: Vielleicht ist er ja nur ein neugieriger Zwilling.

Liz: Ich glaube nicht, dass Menschen ihr Horoskop in Seminaren zur Verfügung stellen, nur weil sie neugierig sind. Es spielt ein zeitliches Element mit. Man sagt nicht: »Oh Frances, warum nimmst du nicht einfach mein Horoskop mit und erzählst mir, was den Leuten dazu einfällt.« Es hat einen Grund, warum Menschen zu einer bestimmten Zeit etwas wissen wollen. Und mit dem Skorpion-Aszendenten, der den Motiven der anderen gegenüber am misstrauischsten eingestellt ist, wird man solch persönliche Informationen nicht ohne Hintergedanken anbieten.

Ich vermute, Luis spürt, dass mit dem Uranus-Transit und der nun allmählich näher rückenden Opposition von Pluto zur Sonne etwas in seinem Inneren vor sich geht. Von Pluto aus ist im Augenblick die Opposition zu Mars noch exakter. In seinem tiefsten Inneren weiß Luis, dass sich etwas zu ändern beginnt, wenngleich er sich vielleicht nicht im Klaren ist, worum es sich dabei handelt. Diese Dreiecksbeziehung ist von ihrem grundsätzlichen Wesen her defensiv. Sie illustriert deutlich, auf welche Art einer wahren Beziehung aus dem Weg gegangen wird. Die Dreierbeziehung tut nicht weh, und sie führt zu nichts. Es gibt keine Anstrengung, keine Sehnsucht, kein Leid. Das Dreieck verhindert, dass sich das Leben weiterentwickelt. Das mag für eine gewisse Zeit gut gehen, möglicherweise sogar für viele Jahre. Früher oder später aber wird jemand die Nase voll haben; jemand wird etwas herausbekommen; jemand wird etwas anderes wollen; jemand wird das Muster zerstören. Hat Luis Geliebte Kinder?

Frances: Ja.

Liz: Er wird dieses Jahr 47. Bedauert er es, selbst keine Kinder zu haben?

Liz: Ich denke schon, dass es ihm Leid tut. Er hat aber immer wieder gesagt, dass er keine möchte.

Liz: Wissen Sie, wie seine Frau darüber denkt? Wir haben uns mit ihrer Rolle noch gar nicht befasst.

Frances: Nein, ich weiß es nicht. Ich weiß nur, dass sie eine Jungfrau ist und dass sein Saturn in Konjunktion zu ihrer Sonne steht.

Liz: Sein Saturn auf ihrer Sonne legt nahe, dass die Verbindung zu seiner Frau sehr viel tiefer ist, als es zunächst scheinen mag. Allerdings könnte dabei Pflichtgefühl eine ebenso große Rolle spielen wie Zuneigung. Mit seiner Affäre will er vielleicht auch sicherstellen, dass seine Frau ihn nicht verletzen kann.

Frances: Liz, er wäre Ihnen bestimmt dankbar, wenn Sie etwas Persönliches über ihn sagen könnten.

Liz: Ich wünsche ihm viel Glück. Ich nehme mir nicht heraus, seine Situation von der moralischen Warte aus zu beurteilen. Ich hoffe, dass er damit so lange wie möglich durchkommt. Wenn aber die Zeit abgelaufen sein wird – was dem Anschein nach bald der Fall ist –, sollte er einen intensiven und schonungslosen Blick auf das richten, was in seinem Inneren vorgeht.

## *Zwischenspiel: archetypische Planeten-Dichotomien*

Ich möchte jetzt den Aspekt des ungelebten Lebens aus einer etwas anderen Perspektive betrachten. Wir haben uns mit dem Elternbild und der Herausforderung durch ein schwaches oder nicht zum Ausdruck gebrachtes Element befasst sowie mit dem Problem, die beiden Seiten eines Spannungsaspektes zu integrieren. Alle diese Faktoren können dazu führen, dass wichtige Dimensionen der Persönlichkeit unbewusst bleiben und erst durch eine Dreiecksbeziehung an die Oberfläche kommen. Die Aufstellung, die ich jetzt zeige, stellt archetypische Planeten-Dichotomien dar – wie ich es nennen würde. Sie ist nicht vollständig, und sie soll auch nicht als fest und unveränderlich aufgefasst werden. Sie ist auch nicht als Werkzeug zu verstehen, wie man das Wesen von Dreierbeziehungen erschließen kann. Sie soll das Denken anregen. Diese Planetenpaare symbolisieren archetypische Gegensätze. Es handelt sich um Planeten, die einander nicht besonders mögen und die Endpunkte des psychischen Spektrums repräsentieren.

In die Liste eingeflossen sind auch die Zeichen und Häuser, die von den Planeten regiert werden. Mit anderen Worten: Mit

| | |
|---|---|
| ☉ | ♂ |
| ☉ | ♆ |
| ☉ | ☽ |
| ☽ | ♀ |
| ☽ | ♅ |
| ♀ | ♄ |
| ♀ | ⚷ |
| ♂ | ♆ |
| ♃ | ♄ |
| ♄ | ♆ |
| ♅ | ♆ |

*Abbildung 5: Archetypische Dichotomien*

Jupiter und Saturn meine ich genauso Schütze und Steinbock sowie das 9. und das 10. Haus. Dabei muss kein Aspekt zwischen den jeweiligen Planetenpaaren vorhanden sein. Zum Beispiel lässt ein starker Eckhaus-Mars in einem Horoskop mit vielen Planeten in den Fischen oder im 12. Haus auf eine archetypische Dichotomie zwischen dem Mars- und dem Neptun-Prinzip schließen. Jedes Horoskop weist derartige Gegensatzpaare auf. Manche bedeuten eine größere Spannung zwischen ihren Polen als andere, einfach deshalb, weil es von Planeten, Zeichen und Häusern aus zu einer Schlachtordnung gemäß dieser archetypischen Gegensätze kommt. Diese Konflikte sind naturgegeben und in keiner Weise »schlecht« oder »pathologisch«. Sie können sich zudem außerordentlich kreativ auswirken. Allerdings lassen sie darauf schließen, dass für die Integration sehr viel Arbeit nötig ist.

Teilnehmer: Ich verstehe nicht, warum Sie bei Sonne und Mars von archetypischen Gegensätzen ausgehen. Beide sind feurig.

Liz: Ja, beide sind feurig, und in einigen Horoskopen kommen sie wunderbar miteinander aus, abhängig von den Zeichen und Aspekten. Im Mythos aber verabscheuen sich Apollo und Ares, weil sie ganz verschiedene maskuline Bilder darstellen, die über entgegengesetzte Ebenen des Lebens herrschen. Sie repräsentieren die spirituelle, reflexive Dimension sowie die instinktive und physische des Maskulinen. Bei einem Spannungsaspekt zueinander oder wenn der archetypische Konflikt beispielsweise durch einen Eckhaus-Mars im Skorpion in einem luftbetonten, »kultivierten« Horoskop verschlimmert wird, kann daraus eine sehr tief gehende und schwierige Aufspaltung resultieren. Mit Mond und Venus ist es ähnlich. Diese Planeten stehen für die zwei entgegengesetzten Pole der Weiblichkeit, und sie befinden sich häufig im Kriegszustand miteinander.[7] Es fällt schwer, eine Hetäre zu sein, wenn man ein Kind hat. Das ist nicht nur gesellschaftlich bedingt, es liegt einfach in der Natur der Sache. Das Moment der Verpflichtung, das aus dem Gebären und Großziehen eines Kindes erwächst, macht das freie, individualistische Leben einer Hetäre nahezu unmöglich. Die instinktive Dimension des Mütterlichen ist antithetisch zur Frau als intellektuelle Gefährtin und Geliebte, ob nun im Horoskop der Frau oder des Mannes.

Ähnlich ist es beim von der Sonne geprägten Mann: als Apollo ist man kultiviert und eine eher nachdenkliche Natur. Apollo war der Gentleman des Olymp. Es ist für einen solchen Mann schwer, auf eine instinktive Weise selbstbewusst zu sein, weil seine Ideale so hoch sind. Ich kenne viele Männer, die unter diesem Konflikt leiden und nicht wissen, wie sie mit Wut oder Aggression oder körperlicher Gewalt umgehen sollen, weil sie bewusst und rücksichtsvoll sein wollen und hohe Moralbegriffe haben. Das Gleiche gilt für das Horoskop der Frau. Spannungen zwischen dem Sonnen- und dem Mars-Prinzip oder dem

Mond- und dem Venus-Prinzip – ob nun durch Aspekte, Häuser, Elementenbesetzung oder die Achsen – deuten auf eine natürliche Dichotomie im Muster und im Ausdruck dessen hin, was wir als männlich oder weiblich in uns erleben.

Teilnehmer: Wie ist es mit der Venus und Sonne?

Liz: Venus und Sonne sind keine archetypischen Feinde, sie sind Freunde. Apollo wurde in Fresken oder Skulpturen häufig in Begleitung der Venus als Morgen- oder Abendstern dargestellt – sie ist seine »Trägerin des Lichtes« und geht kurz vor ihm auf oder kurz nach ihm unter. Weil Sonne und Venus nicht weiter als 48 Grad voneinander entfernt stehen können, ist nur ein Spannungsaspekt zwischen ihnen möglich, das Halbquadrat. Wenngleich dieser Aspekt auf der grundsätzlichen Charakterebene einen gewissen Konflikt zwischen dem Gefühl des eigenen Schicksals und den persönlichen Idealen in der Beziehung anzeigen kann, bedeutet er doch keine allzu tiefe Spaltung.

Teilnehmer: Was ist mit der Konjunktion?

Liz: Wie ich sagte, sind diese Planeten keine Feinde. Außerdem möchte ich noch einmal betonen, dass diese Liste nicht nur auf Aspekte zu beziehen ist. Ein Quadrat von der Sonne am Ende des Löwen zu Mars am Anfang des Schützen im Horoskop mit einem Widder-Aszendenten wird zu weniger inneren Konflikten führen als ein Radix mit der Sonne am Ende des Widders im Trigon zu Neptun am Anfang der Jungfrau und einem Fische-Aszendenten. Es geht um die Frage, wer wessen Freund ist und welche Teile des Horoskops ins psychische Ghetto verbannt werden. Versuchen Sie, sich diese Planeten als Energiefelder vorzustellen. Horoskop-Konfigurationen neigen dazu, sich um gewisse Felder zu gruppieren, was deutlich ins Auge fällt, wenn sich ein Thema zwei- oder dreimal wiederholt. So mag beispielsweise ein Horoskop viele Planeten im Schützen und die Sonne im 9. Haus im Sextil zu Jupiter aufweisen, aber zugleich einen Eckhaus-Saturn im Steinbock. Jupiter und Saturn müssen nicht im Spannungsaspekt zueinander stehen, um einen Konflikt heraufzubeschwören. Was für schöne Aspekte von Saturn auch ausgehen mögen – in einem jupiterhaften Horoskop wird er immer problematisch sein, weil das Temperament grundsätzlich vom entgegengesetzten Pol geprägt ist. Dies ist der archetypische Konflikt zwischen Jung und Alt, die ewigwährende Schlacht zwischen Potenzial und Realität.

Sonne und Mond sind ebenfalls archetypische Gegensätze. Die solare Energie, die selbstbezogen ist, strebt in eine andere Richtung als das lunare Bedürfnis, zu etwas zu gehören. Die Sonne ist sie selbst, für sich und einzigartig. Sie scheint durch ihr eigenes Licht. Ein Horoskop mit der Sonne im Löwen und zwei oder drei Planeten im Krebs kann einen tiefen innerlichen Konflikt widerspiegeln. Diese Gegensätze können nur verstanden werden, wenn man das Horoskop in seiner Gesamtheit betrachtet; sie sind nicht von einem Aspekt allein angezeigt. Die Liste der planetarischen Dichotomien zielt nicht auf bestimmte Aspekte, sondern auf gegensätzliche Prinzipien.

Teilnehmer: Was ist mit einem Trigon zwischen Sonne und Mond?

Liz: Ich dachte gerade erklärt zu haben, dass ein spezifischer Aspekt, aus dem Zusammenhang gerissen, uns kaum etwas über die archetypischen Dimensionen des Horoskops erkennen lässt. Vielleicht habe ich mich nicht klar genug ausgedrückt. Denken Sie sich diese Liste als Gottheiten oder fundamentale Energiefelder, die jeweils ihre besondere Beschaffenheit haben. Sie werden im Horoskop nicht nur durch die Planeten dargestellt, sondern auch durch Zeichen und Häuser. Wenn ein Radix neptungeprägt ist – durch Zeichen oder Haus – und andererseits Mars in einem Eckhaus oder der Mond im Widder steht, dann sticht das Mars-Prinzip so deutlich hervor, dass selbst ein Blinder es sehen wird. Es muss dazu keinen Mars-Neptun-Aspekt geben. Eine der Arten, wie diese archetypischen Konflikte in Erscheinung treten können, ist die Dreiecksbeziehung.

Teilnehmer: Stehen Sonne und Pluto als Prinzipien zueinander in Widerspruch?

Liz: Zu einem gewissen Maß. Die Sonne kämpft gegen Pluto, weil Pluto der kollektive Überlebensinstinkt ist, der keine Rücksicht auf das Individuum nimmt. Die natürliche Evolution ist gnadenlos in ihrer Entwicklung und stoppt nicht, um eine bestimmte Saurierart oder die Dronte zu verschonen, über welche besonderen Gaben sie auch verfügen mag. Die Schlacht zwischen Sonne und Pluto kommt im mythischen Drachenkampf zum Ausdruck – dem Kampf zwischen individueller Bewusstheit und der blinden Leidenschaft der Instinkte. Die Sonne hat zu tun mit Bedeutung und individuellem Schicksal. Diese Prinzipien müssen nicht im Konflikt zueinander stehen. Es kann zwischen ihnen einen Austausch in freundlicher Form geben, vorausgesetzt, das solare Ego kennt seinen Platz im größeren Schema der Dinge. Wir können mit dem Schicksal auf der kollektiven Ebene Frieden schließen, wenn wir uns des individuellen Zwecks bewusst sind und dabei die tieferen Kräfte anerkennen, die mit dem Fortbestehen und der Evolution der Lebenskraft selbst zu tun haben.

Die archetypischen Kombinationen, die ich aufgelistet habe, beschreiben bestimmte Arten von Konflikten, die besonders auf Dreiecksbeziehungen zuzutreffen scheinen. Saturn und Neptun sind offensichtlich ein Gegensatzpaar. Selbst wenn man die beiden im Trigon im Horoskop hat, stehen ihre Prinzipien doch im ewigen Konflikt zueinander. Das weltliche Königreich Saturns ist dem sich undeutlich abzeichnenden neptunischen Jenseits feindlich gesinnt. Wenn beide stark gestellt sind – anders ausgedrückt: wenn diese beiden Prinzipien hinsichtlich von Zeichen, Häusern, Achsen und Aspekten die Hauptthemen des Horoskops bilden –, kann die Versöhnung der Gegensätze schwierig und schmerzhaft werden, wenngleich im Endeffekt auch enorm kreativ. Eine Dreiecksbeziehung ist womöglich das Mittel, durch das der Betroffene eine gewisse Art der Versöhnung herbeizuführen versucht.

Teilnehmer: Sie haben Mars und Saturn nicht in der Liste aufgeführt.

Liz: Nein. Aus dem Grund nicht, weil sie meinem Gefühl nach keine feindlichen archetypischen Prinzipien darstellen. Mars und Saturn im Aspekt zueinander können sehr viel Frustration anzeigen; allerdings sollten wir uns vor Augen halten, dass Mars im Saturnzeichen erhöht ist. Der antike Gott des Krieges ging aus einer jungfräulichen Geburt hervor, ohne einen Vater. Er gehört der Unterwelt an, ist erdverbunden und spiegelt die aggressiven Instinkte in der Natur wider. Der saturnische Bereich ist ihm nicht fremd. Es besteht keine tiefe, unüberbrückbare Kluft zwischen diesen beiden Planeten. Sie können sich miteinander verbinden, wenn das Individuum bereit dazu ist, für seine Ziele eine solide Basis zu erschaffen sowie über die notwendige Selbstdisziplin und über Realitätssinn verfügt. Mars und Saturn im Spannungsaspekt scheinen nicht die Art von Dreiecksbeziehungen wie Mond und Venus im Konflikt zueinander zu erzeugen – bei ihnen gibt es keine »gespaltene Anima« oder »gespaltenen Animus«. Vielleicht ist das so, weil keiner der beiden Planeten mit Beziehungen zu tun hat.

Venus-Chiron als Polarität dürfte außer Frage stehen. Venus liebt Schönheit und Harmonie, und Chiron symbolisiert unser Bewusstsein für das, was gestört, verwundet und nicht zu heilen ist. Wenn ein Horoskop sehr venusgeprägt ist und sich zugleich Chiron an einem Eckpunkt befindet oder machtvolle Aspekte zu Sonne, Mond oder Venus wirft, gibt es wahrscheinlich eine tiefe und schmerzhafte Dichotomie. Chirons Welt ist der wunderschönen Landschaft der Venus gegenüber feindlich eingestellt. Es gibt keinen Anknüpfungspunkt zwischen ihnen; jeder leidet, wenn er die Realität des anderen anerkennen muss. In diesem Fall mag die Dreiecksbeziehung ein Feld liefern, auf dem am Konflikt gearbeitet werden kann. Wenn die beiden Prinzipien keine Möglichkeit haben, im Individuum selbst zu einem Dialog zu kommen, könnte diese Beziehung die Möglichkeit dazu eröffnen.

Hier ist noch ein anderes Horoskop aus der Gruppe. Sagen Sie uns, worüber wir reden sollen, Catherine.

Catherine: Sie können beide Horoskope auf den Projektor legen. Mein Freund konnte nicht kommen, ich aber habe versprochen, Aufzeichnungen zu machen. Ich habe das Gefühl, dass wir eine Dreiecksbeziehung führen. Es geht dabei um hohe Ideale. Ich denke, es bezieht sich auf das, was Sie die Suche nach dem Unerreichbaren nannten.

Ich denke, der Dreiecksaspekt meiner Beziehung hat mit dem zu tun, was Sie das Streben nach dem Unerreichbaren nannten. Wir haben beide sehr hohe Ideale, und wir wollen uns erst über alles klar werden, für den Fall, dass sich das Ideal mit jemand anderem ergeben sollte. Es ist eine außerordentlich spannende und ungewöhnliche Beziehung, allerdings begleitet vom Gefühl der Unbeständigkeit. Wir haben nicht das Gefühl, einander verpflichtet zu sein.

Liz: Sie drücken es so aus, dass Sie sich in Ihrer Beziehung beide alle Türen offen halten wollen für den Fall, dass jemand Besseres auftaucht.

Catherine: So ist es. Es geht nicht um die Emotionen, es hängt mit den Idealen zusammen.

Liz: Ihre Beziehung ist also ein Provisorium.

Catherine: Ja, wenngleich er besessen von mir ist. Ich selbst habe viele schlechte Erfahrungen in Beziehungen gemacht, was Manipulationen betrifft, und diesmal soll es anders sein. Manchmal dringt er darauf, immer mit mir zusammen zu sein. Insofern mutet es eigenartig an, dass wir beide uns nicht ernsthaft aneinander binden wollen.

Liz: Es handelt sich bei Ihnen also nicht wirklich um eine Dreiecksbeziehung, zumindest um keine real existente.

Catherine: Ich denke, dass ich ihn nicht erreichen kann, weil er das spirituelle Ideal eines perfekten Partners hat. Vermutlich ist es bei mir genauso.

Liz: Erzählen Sie weiter.

Catherine: Vielleicht liege ich aber falsch.

Liz: Lassen Sie uns sehen, was in den Horoskopen angezeigt ist. Können wir Ihrem Partner einen Namen geben?

Catherine: Er heißt William.

Liz: Schauen wir zunächst auf Ihr Horoskop. Es gibt da einiges, was mir ins Auge fällt, nicht zuletzt die exakte Konjunktion zwischen Venus und Saturn. Pluto steht jetzt im Transit genau auf diesem Punkt. 8 Grad Schütze scheint im Augenblick wie verrückt zu gehen. Etwas anderes, das bedeutsam sein könnte, sind die Eltern-Signifikatoren: die Konjunktion zwischen Mond und Neptun im 10. Haus (die von den Zeichen her allerdings keine ist) sowie Mars, der sich vom 3. Haus aus in Konjunktion zum IC befindet. Die Steinbock-Sonne bildet den Mittelpunkt eines T-Quadrats, mit Quadraten zu Jupiter auf der einen und Mars auf der anderen Seite. Von der Sonne aus gibt es zusätzlich ein Trigon zu Pluto, der sich zusammen mit Uranus im 8. Haus befindet. Diese Platzierungen lassen auf einige ausgeprägte Dichotomien schließen. Neptun und Chiron stehen im Quadrat zueinander. Alle diese Aspekte haben ihre Bedeutung. Lassen Sie uns mit der Mond-Neptun-Konjunktion anfangen, die Ihren Idealismus und Ihre Sehnsucht nach totaler Verschmelzung in der Beziehung zu reflektieren scheint. Der Traum von Mond-Neptun ist eine emotionale Welt, in der es keinen Konflikt, keine Einsamkeit und keine Trennung gibt. Diese Konjunktion befindet sich in dem Haus, das mit der Mutter zusammenhängt, was darauf schließen lässt, dass in Hinblick auf diese Verschmelzung schon sehr früh etwas zutage getreten ist. Allerdings zeigt die Venus in Konjunktion zu Saturn etwas anderes an. Was ist hier Ihrer Meinung nach los?

Teilnehmer: Mond-Neptun sehnt sich nach einer totalen und absoluten Verbindung mit jemandem, ohne jegliche Begrenzung. Venus-Saturn wirkt beschränkend und zurückhaltend und braucht Grenzen. Man könnte hier auch auf Gefühle der Unsicherheit schließen.

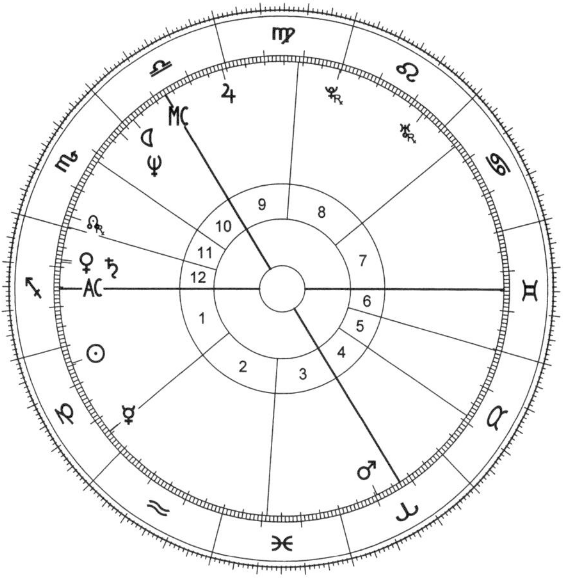


*Abbildung 6: Catherine*
*(Daten aus Gründen der Vertraulichkeit nicht abgedruckt)*

Liz: Ja. Venus-Saturn und Mond-Neptun beschreiben ganz unterschiedliche frühe Erfahrungen sowie verschiedene Wahrnehmungen von Liebe. Es kann schwer sein, diese gegensätzlichen Wahrnehmungen und Bedürfnisse miteinander zu versöhnen. Ich würde gern mehr über Ihre Eltern erfahren, Catherine, weil Ihr 4. und Ihr 10. Haus betont sind.

Catherine: Mein Vater war ein Spieler und dabei stark und mitfühlend. Was meine Mutter betrifft, steht ihre Sonne in Konjunktion zu meinem Neptun, insofern habe ich eine gute Verbindung zu ihr.

Liz: Ihr Vater scheint durch die Sonne im Quadrat zu Jupiter und Mars sowie im Trigon zu Pluto und Sextil zu Neptun ja angemessen beschrieben zu sein. Ihre Mutter, für die Sie wohl viel Sympathie empfinden, tritt im Horoskop als eine traurige Person beziehungsweise als jemand in Erscheinung, der Opfer bringt, was an der doppelten Aussage von Mond-Neptun und Neptun im 10. Haus abzulesen ist. Der Mond befindet sich zusätzlich im Quadrat zu Uranus. Insofern mag Ihre Mutter – wie Sie auch – in sich den Konflikt zwischen dem Wunsch nach emotionaler Nähe und dem Bedürfnis nach Unabhängigkeit getragen haben. War sie sehr fordernd, als Sie klein waren?

Catherine: Ja. Ich denke, es mangelte ihr an Vertrauen. Sie war eine sehr unglückliche Person.

Liz: Es hört sich an, also ob Sie sich Ihrer selbst unsicher sind – im Endeffekt aber können wir nicht unsere Mutter dafür »verantwortlich« machen. Derartige Gefühle der Unsicherheit sind unvermeidlich bei zwei so gegensätzlichen Aspekten wie Mond-Neptun und Venus-Saturn. In gewisser Weise mussten Sie Ihrer Mutter eine Mutter sein, und darum haben Sie selbst nicht genug Nahrung bekommen. Wenn ein Kind die Rolle eines Elternteils übernehmen muss, opfert es seine Kindheit. Steinbock-Kinder neigen dazu, ihre Rolle sehr ernst zu nehmen, wenn sie zur Bezugsperson gemacht werden; dieses Zeichen hat das grundsätzliche Bedürfnis, sich als verantwortungsbewusst und nützlich zu erweisen. Wenn auf irgendetwas oder jemanden in der Familie aufgepasst werden muss, ist es der Steinbock, der sagt: »Ich übernehme das.« Mit Mond-Neptun im 10. Haus und der Sonne Ihrer Mutter genau auf dieser Konjunktion dürften Sie ihren Schmerz fast schon körperlich gespürt haben, was zu Ihren Lasten ging. Sie mögen sich geliebt gefühlt haben, *weil* Sie eine Bezugsperson für die Mutter waren – also meinten Sie vielleicht, nur als Bezugsperson Liebe zu verdienen. Sie erlebten also wahrscheinlich keine bedingungslose Liebe, sondern fühlten sich nur liebenswert, weil Sie die Bedingungen erfüllten. Das ist Venus-Saturn. Sie mögen sich selbst nicht als besonders wertvoll einschätzen, ausgenommen, Sie stehen jemandem bei. Und dabei sehnt sich Mond-Neptun nach so viel mehr. Vielleicht gab es auch in den ersten Monaten des Lebens mehr, bis Ihr Bewusstsein des mütterlichen Unglücks Sie mit einem anderen Ausdruck von Liebe konfrontierte.

Catherine: Ich habe einige Jahre als Psychotherapeutin gearbeitet. Jetzt habe ich beschlossen, dass ich diese Arbeit nicht mehr will. Es bleibt nicht genug Zeit für mich selbst. Ich habe das Gefühl, auf andere Leute aufpassen zu müssen, seit ich geboren bin. Ich beginne, Wut darüber zu spüren.

Liz: Ich vermute, dass Sie mit Ihrer Ausbildung zur Psychotherapeutin begannen, als Sie ungefähr zwei Tage alt waren. Nun ist Pluto im Transit auf Ihrer Venus-Saturn-Verbindung im Schützen angelangt, und Sie beginnen, sich selbst einen höheren Wert beizumessen. Das alte Muster beginnt zu zerfallen.

Catherine: In mir tobt ein großer Kampf deswegen. Ich fühle mit anderen mit, habe aber den Eindruck, dass ich in einer Falle sitze.

Liz: Ich bezweifle nicht, dass Sie viel Mitgefühl empfinden. Anderen zu helfen ist Ihre Art, sich wertvoll zu fühlen. Sie haben möglicherweise geglaubt, nichts wert zu sein, wenn Sie sich nicht um jemanden kümmerten. Dieses Muster kommt natürlich in allen Beziehungen zum Ausdruck, und es könnte Ihnen schwer fallen zu glauben, dass jemand Sie wirklich liebt – weil Sie meinen, weiter arbeiten zu müssen, um Liebe zu verdienen. Die Erschaffung dieses Provisoriums, von dem Sie sprachen, dient als Bremse für eine wahre Bindung und trägt damit ein sehr defensives Moment in sich. Es geht, zumindest zum Teil, um die Suche nach dem unerreichbaren Elternteil, der zu unglücklich war, als dass er selbst Unterstützung und emotionale Anteilnahme hätte geben können. Auf diese Weise versuchen Sie aber auch, den Schmerz einer Ablehnung zu vermeiden.

Catherine: Ich denke oft, dass ich eine Familie gründen sollte. Das würde mir helfen, normaler zu werden.

Liz: Das klingt, als hätte Ihre Mutter es gesagt.

Catherine: Meine Mutter *hat* es gesagt.

Liz: Zweifellos glaubt sie daran, obwohl das der Grund dafür gewesen sein mag, dass sie sich in ihrem eigenen Leben so gefangen und unglücklich gefühlt hat. Es geht nicht um die Frage der

»Normalität« dadurch, dass Sie eine Familie gründen. Wichtiger ist für Sie zu verstehen, warum bei Ihnen auf allen Türen stehen sollte: »Notausgang, unbedingt freihalten!« Sie scheinen gleich viel Angst davor zu haben, ausgenutzt oder verlassen zu werden. Ich nehme an, dass Sie beides auf der emotionalen Ebene in frühen Jahren erlebt haben. Der Nachdruck, mit dem Sie sich vor dem Gefühl des Verlassen- oder Ausgenutzt-Werdens zu schützen versuchen, mag als Überlebensmechanismus notwendig gewesen sein. Es wäre absurd zu sagen: »Hör auf damit und gründe eine Familie!« Sie sollten sich aber die Frage stellen, warum Sie so intensiv gegen emotionale Nähe vorgehen. Mit dem Schützen am Aszendenten und daneben der Venus in diesem Zeichen wird das konventionelle »Gründen einer Familie« vielleicht niemals Ihr Ding sein. Außerdem steht Uranus im 8. Haus im Quadrat zum Mond und im Trigon zur Venus – Sie brauchen in jeder Beziehung sehr viel Luft zum Atmen, wie tief gehend die Bindung auch sein mag. Der Versuch, diese auf Unabhängigkeit bedachte Seite Ihrer selbst zu verdrängen, wäre wahrscheinlich so sinnlos wie die Flucht vor dem intensiven Bindungsbedürfnis, das von der Venus-Saturn-Konjunktion, von Venus im Quadrat zu Pluto und von Pluto im 8. Haus angezeigt ist.

Catherine: Ich vermute, dass ich eigentlich niemandem vertraue.

Liz: Das ist nicht so schlimm, wie es sich vielleicht anhört. Venus-Saturn ist realistisch, und wie Hillman in seinem Essay ausführt, sollte man tatsächlich niemandem vertrauen – zumindest nicht auf die kindliche Weise von Mond-Neptun, mit dem Wunsch nach unbegrenzter, bedingungsloser Liebe zu jedem Augenblick. In diesem Sinn werden Sie niemanden finden, der Ihnen die Mutter sein kann, nach der Sie sich als Kind gesehnt haben. Wenn Sie nach der Art von Liebe suchen, die mit Mond-Neptun und ganz besonders mit dem Mond in der Waage einhergeht, ist die Wahrscheinlichkeit sehr groß, dass Sie früher oder später verletzt werden – weil derjenige, mit dem Sie sich verbunden haben, ein Mensch ist. Die Herausforderung für Sie liegt darin, die Isoliertheit und Grenzen des Menschen zu akzeptieren. Es könnte konstruktiver sein, auf diese Weise an Ihre Beziehungen heranzugehen, statt sich des Ideals des Provisorischen wie einer Rüstung zu bedienen.

Teilnehmer: Catherine wird stets ihren Freiraum brauchen. Uranus im 8. Haus ist ihr lebenslanger Begleiter. Es bedeutet immer das Gefühl: »Ich muss hier raus, oder ich ersticke!«

Liz: Ja, es gibt eine Reihe von Dingen in diesem Horoskop, die es Ihnen schwer machen, sich in klar strukturierten Beziehungen wohl zu fühlen. Struktur und Konventionalität sind aber nicht mit Bindung gleichzusetzen. Die Art und Weise, wie Sie mit den Dingen umgehen, verursacht mir mit der künstlichen Postulierung von Regeln Unbehagen. »Wir führen eine offene Beziehung. Wir versprechen uns nichts, weil jemand Besseres auftauchen könnte. Wir werden keine Besitzansprüche erheben.« Das sind allzu viele intellektuelle Konstrukte; die wirklichen Gefühle und Bedürfnisse werden unterdrückt. Neptun ist bei Ihnen der einzige Planet im Element Wasser, und es hat den Anschein, als erschräken Sie vor Ihren Bedürfnissen und Leidenschaften.

Catherine: Ich weiß, dass ich William brauche.

Liz: Können Sie ihm dieses Bedürfnis vermitteln?

Catherine: In einem geringen Maß. Es ist mir unangenehm, wenn er leidenschaftlich wird. Ich denke, es geht ihm genauso, wenn ich allzu emotional würde.

Liz: Warum betrachten wir jetzt nicht die andere Hälfte dieser Gleichung?

Noch ein Mond im 10. Haus, diesmal auf 26° Widder und Bestandteil eines Großen Trigons mit Uranus, Mars und Jupiter im Element Feuer. Die Sonne steht in Konjunktion zu Saturn im Steinbock. Chiron befindet sich im 8. Haus, in Opposition zu Uranus. Die Venus sehen wir im Schützen, in einem genauen Quadrat zu Pluto. Wie in Ihrem Horoskop auch, Catherine, ist auf einen ausgeprägten Gegensatz zu schließen. Auf der einen

Seite gibt es die Venus im Quadrat zu Pluto, was mit der von Ihnen erwähnten Intensität zusammenhängen könnte. Auf der anderen Seite sehen wir eine Reihe von Platzierungen, einschließlich des Großen Trigons im Element Feuer, die auf einen starken Drang nach Freiheit hindeuten. Es ist nicht ganz wie in Ihrem Horoskop, aber es existiert eine ähnliche Spannung zwischen dem Bedürfnis nach Freiraum und dem Wunsch nach intensiven Gefühlen. Ihr Bedürfnis nach einer provisorischen Beziehung scheint mit einer tiefen Unsicherheit sowie dem Konflikt zwischen Freiheit und Nähe einherzugehen. Bei William geht es mit seiner Sonne-Saturn-Konjunktion möglicherweise ebenfalls um das Gefühl der Unsicherheit, was ein Echo Ihrer Venus-Saturn-Konjunktion wäre. Ich frage mich, wie sich die Balance in der Beziehung entwickeln wird, wenn Sie unter dem augenblicklichen Pluto-Transit mehr Vertrauen zu sich selbst gewinnen werden.

Catherine: Ich würde seine Unsicherheit gern besser verstehen. Er scheint andere Ängste zu haben als ich.

Liz: Seien Sie sich dessen nicht zu sicher. Ich denke, er spürt Unsicherheit, und sein Bedürfnis nach einer provisorischen Beziehung mag – wie Ihres auch – eine Art Schutzmechanismus sein. Die Unsicherheit hat aber nicht sehr viel mit seinem Selbstwertgefühl in der Beziehung zu tun. Sonne-Saturn beschert nicht dieses nagende Gefühl, keine Liebe zu verdienen wie Venus-Saturn. Die Ängste sind hier diffuser. Sie hängen zusammen mit dem Vater, der durch den Skorpion-Neptun im 4. Haus zum Ausdruck kommt. Das legt den Mangel einer starken oder stabilen Vaterfigur nahe.

Als Steinbock brauchte William einen Vater, zu dem als Verkörperung von Recht und Autorität er hätte aufschauen können. Unser Sonnenzeichen sagt viel darüber aus, was wir im Vater suchen, um unseren archetypischen Weg in menschlicher Form zu erleben. Das Sonnenzeichen beschreibt den Vater, den wir suchen und zu dem wir vielleicht selber werden – nicht unbedingt den, den wir als Kind hatten. William fand einen schwachen Va-

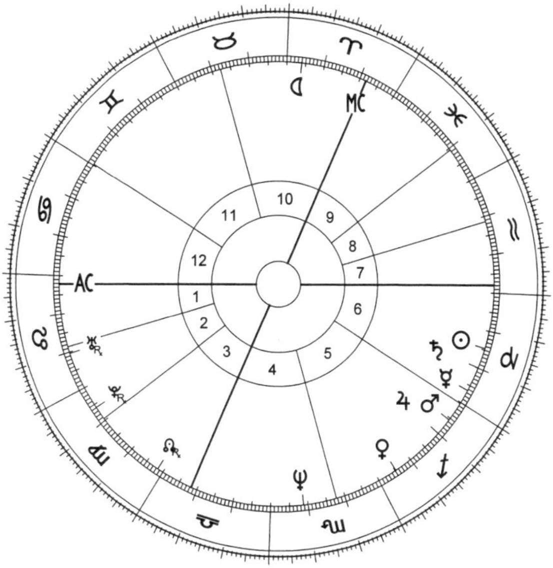


*Abbildung 7: William*
*(Daten aus Gründen der Vertraulichkeit nicht abgedruckt)*

ter, dem er nicht vertrauen konnte und der, um alles noch schlimmer zu machen, womöglich kein Interesse an seinem Kind hatte. Es hat vielleicht sehr lange gedauert, bis William in sich selbst saturnische Qualitäten entdeckte, seine eigene Autorität und das Gefühl, in den Augen der anderen kompetent zu sein. Die Sonne-Saturn-Verbindung könnte darauf hinweisen, dass es zu seiner Lebensreise gehört, in den ersten Jahren auf sich gestellt zu sein und ohne einen Anteil nehmenden Vater auskommen zu müssen. Das könnte ihn lange Zeit unsicher gemacht haben, und vielleicht scheute er vor ernsthaften Bindungen zurück, weil er Angst hatte zu versagen. Grundsätzlich aber ist es eine andere Art von Unsicherheit als bei Venus-Saturn. Versteht er Ihre Venus-Saturn-Ängste und kann er auf Sie eingehen, wenn Sie fürchten, abgelehnt zu werden?

Catherine: Er findet sie befremdlich und bekommt auch nicht viel davon mit, weil ich sie für gewöhnlich nicht zeige. Er hat kein Problem damit, Mitgefühl zu zeigen und Schutz zu bieten. Ich denke aber nicht, dass er sie wirklich versteht.

Liz: Es hört sich an, als ob Sie beide intensiv daran arbeiten, Sensibilität für die Verletzlichkeit des anderen zu entwickeln. Es gibt einen Unterschied bei der Angst, die Sie beide dazu bringt, es mit einer provisorischen Beziehung zu versuchen. Solange Sie beide die Gründe für die Schutzmechanismen des anderen verstehen, schaffen Sie es wahrscheinlich, einander nicht allzu sehr zu verletzen. Wenn William aber Ihren zeitweiligen nagenden Mangel an Selbstwertgefühl als Frau nicht nachfühlen kann, mag er Sie in seinem Bedürfnis, die eigenen emotionalen Bedürfnisse zu verbergen, ungewollt kränken. Das fordert von Ihrer Seite sehr viel Verständnis. Er kann Ihnen sehr starke Gefühle der Unsicherheit bescheren, ohne es eigentlich zu wollen.

Sein Venus-Pluto-Quadrat ist das Beispiel für einen Spannungsaspekt, der zu einer Spaltung führt. Er erfreut sich einer freigeistigen Schütze-Venus, schätzt aber die machtvollen Bedürfnisse Plutos nicht. Er mag vorgeben, keinen Pluto zu haben, und er könnte manchmal sehr kühl wirken. Oder er beginnt, über die perfekte Frau zu reden, die er vielleicht eines Tages treffen wird. Mit anderen Worten: Er projiziert Pluto auf Sie und macht Ihnen immer wieder klar, dass Sie ihn nicht für sich haben können. Wenn Sie mit Venus-Saturn darauf blindlings mit der typischen Reaktion der Ablehnung reagieren, aktivieren Sie eine sehr unbehagliche Synastrie-Konfiguration: Ihr Venus-Saturn im Konflikt mit seinem Venus-Pluto-Quadrat. Vielleicht weisen Sie ihn dann ab, um Ihren eigenen Schmerz zu lindern. Daraus könnte ein Machtkampf resultieren, in dem Sie beide einander zu beweisen versuchen, wie wenig Sie sich brauchen. Sehr viel hängt davon ab, wie bewusst Sie sich dieser Mechanismen sind. Die provisorische Qualität der Verbindung ist der dritte Punkt dieser Dreiecksbeziehung. Der Rivale ist keine reale Person, sondern ein imaginäres Wesen, das Sie beide vielleicht einmal in der Zukunft treffen könnten.

Catherine: So ist es.

Liz: Es handelt sich um ein Fantasie-Dreieck, das Sie zu Ihrem Schutz geschaffen haben, falls es zu einer wahren Dreiecksbeziehung kommen sollte. Es ist ein Mittel, sich vor der Wiederholung kindlicher Verletzungen schützen zu wollen.

Catherine: Ich verstehe. Ich will aber Liebe geben und finden, ohne verletzt zu werden. Ich denke, dass das mein persönlicher Kampf ist. Ich will Liebe erleben, wie sie sein soll.

Liz: *»Sein soll?«* Falls Sie ein Regelwerk besitzen, wie Liebe auszusehen hat, würde ich es gern einmal ausleihen. Allerdings vermute ich, dass es von Neptun stammt, was bedeuten würde, dass es mit unsichtbarer Tinte geschrieben ist.

Teilnehmer: Liz, Catherine hat zuvor einen Satz gesagt, der mir nicht aus dem Sinn geht: »falls jemand Besseres kommt«. Das sagt meiner Meinung nach viel darüber aus, wie die beiden sich mit ihrer gegenseitigen Unsicherheit sehen. Mit Sonne-Saturn im 6. Haus ist William sehr selbstkritisch. Er ist zuverlässig und arbeitet hart, fühlt aber kein besonders großes Selbstvertrauen in sich. Beide sind sie Steinböcke, und sie könnten in einer dauerhaften Beziehung aufeinander zählen – allerdings würden sie dabei auf die Vorstellung von »jemand Besserem« verzichten müssen. Vielleicht ist dieser »jemand Besseres« in Wirklichkeit eine Fantasie, wie jeder der beiden eigentlich selbst sein möchte. Ich bin abgeschweift. Helfen Sie mir.

Liz: Sie sind überhaupt nicht abgeschweift. Was Sie sagen, ist sehr wichtig – die Fantasie von einem besseren Partner ist in Wirklichkeit die Fantasie des perfekten Wesens, das jeder der beiden gern selbst wäre, um Liebe zu verdienen. Diese Vorstellung erwächst aus dem schmerzhaften Gefühl der Minderwertigkeit. Es würde mich interessieren zu hören, was dieser »Bessere« eigentlich machen soll oder wie er sein sollte.

Catherine: Es handelt sich nicht um besser im Sinn von schöner, intelligenter oder reicher. Es ist sehr schwer zu beschreiben.

Meine Idee von »jemand Besserem« ist ein Mann, der mich voll und ganz versteht, mit dem ich nicht kämpfen muss und dem ich mich nicht zu erklären brauche. Ich glaube, dass eine spirituelle Partnerschaft möglich ist, in der es diese Probleme nicht gibt.

Liz: Du meine Güte. Erinnern Sie sich an den furchtbaren Satz aus dem furchtbaren Film *Love Story*: »Liebe ist, sich niemals entschuldigen zu müssen«? Ich denke, dass es genau anders herum ist. Es scheint mir, dass Liebe gegenseitigen Respekt beinhaltet – was einschließt zu merken, wenn man Mist gebaut hat, und imstande zu sein, seinen Stolz zu überwinden und um Entschuldigung zu bitten. Catherine, Sie haben die ideale Mond-Neptun-Mutter beschrieben, die bedingungslos liebt und ein tiefes psychisches Verständnis der Bedürfnisse ihres Kindes hat. Keine Erklärungen sind notwendig, kein Gefühl der Enttäuschung oder Begrenzung kann die Verbindung erschüttern – weil Mutter und Säugling eins sind. Sie beschreiben weiterhin jemanden, der von seinem Temperament her wassergeprägt ist und der sich einfühlen und reagieren kann, ohne dass es zu einer Auseinandersetzung kommt. Es ist interessant, dass weder Sie noch William viel Wasser im Horoskop haben, abgesehen von Neptun bei Ihnen beiden. Vielleicht hoffen Sie, dass eines Tages der perfekte Mensch mit elf Planeten im Element Wasser auftauchen wird, um den warmen, heilenden Fluss der Gefühle zu offenbaren, der Ihnen beiden auszudrücken so schwer fällt.

Beide benutzen Sie das Bild des perfekten Partners, um den Schmerz im Zaum zu halten. Jeder von Ihnen scheint vor etwas anderem Angst zu haben. William hat Angst, verletzlich, abhängig, schwach oder ein Versager zu sein wie sein Vater. Sie haben Angst davor, gedemütigt oder abgelehnt zu werden oder in der Falle zu sitzen wie Ihre Mutter. Sie haben beide kein besonders starkes Selbstwertgefühl. Die Vorstellung eines perfekten Seelengefährten hilft Ihnen, eine Beziehung zu vermeiden, in der Sie die Grenzen des anderen anerkennen müssten.

Das hieße nämlich in Wirklichkeit, die eigenen Grenzen mitsamt der Erkenntnis zu akzeptieren, dass niemand »da draußen« Ihnen die perfekte, bedingungslose Liebe geben kann. Beide sagen Sie in Wahrheit: »Wir warten auf jemanden, der unsere Wunden heilt und uns die Liebe gibt, die wir als Kind nicht bekommen haben. Dann werden wir in der Lage sein, uns selbst zu lieben. Bis diese magische Person kommt, halten wir Abstand.« Dem Anschein nach ziehen Sie dies der Liebe zu einer realen Person vor – weil Sie sonst die elterliche Fantasie aufgeben und zu dem werden müssten, was Sie tatsächlich sind: sterblich, unvollkommen und, wie andere Menschen auch, allein.

Ihre Ideale sind weder bedeutungslos noch unwichtig. Ich hege aber einige Befürchtungen bezüglich der wahren Motive für den dritten Punkt der Dreiecksbeziehung. In gewisser Weise setzen Sie einander herab, indem Sie davon ausgehen, dass eines Tages jemand Besseres kommen wird. Sie verletzen sich selbst und den anderen, indem Sie ein provisorisches Leben führen. Ich bin nicht überzeugt von der perfekten spirituellen Verbindung, die Ihrer Meinung nach vielleicht schon an der nächsten Ecke auf Sie wartet. Wenn dem so sein sollte, werden Sie das schnell genug merken. Für eine Fantasievorstellung aber eine konkrete Beziehung auf Eis zu legen ist – um es unverblümt zu sagen – ein Schwindel. Ihre Fantasie der Perfektion ist für William der Konkurrent, und Ihr Rivale ist seine Fantasie der Perfektion. Sie bringen einander auf diese Weise nicht weiter. Vielleicht hilft der Transit von Pluto über Ihre Venus-Saturn-Konjunktion zu erkennen, was all dem zugrunde liegt.

Ihre Eltern waren, fürchte ich, keine besonders guten Vorbilder. Sie haben in sich das Bild einer leidenden Neptun-Mutter und eines selbstbezogenen Mars-Jupiter-Vaters, der dem Anschein nach zunächst auf seine eigenen Gefühle fixiert war. Ihre Vorstellung davon, was einer Frau passiert, wenn sie liebt, ist keine besonders schöne. Die Frau, die liebt, wird verletzt und verlassen – dieses Szenario haben Sie in sich aufgenommen. Ihre

Mutter scheint für Sie dem Leben zum Opfer gefallen zu sein, was Sie für sich unbedingt vermeiden wollen. Das ist nur recht und billig. Ich glaube aber, dass es einen besseren Weg gibt als den, den Sie gewählt haben. Es hört sich in allen Punkten so an, als wäre die Beziehung es wert, sie ernster zu nehmen. Irgendwie ist es nicht folgerichtig, eine Fantasie-Dreiecksbeziehung zu erschaffen, die Sie beide im Ungewissen lässt. Ich denke dabei auch an das Steinbock-Bedürfnis nach Sicherheit und einer Verbindung, die dauerhaft ist. Schließlich sind Sie ja beide Steinböcke.

Teilnehmer: Beide haben auch die Venus im Schützen. Beide brauchen Freiheit.

Liz: Das stimmt, das schließt sich aber nicht gegenseitig aus. Es hat oft den Anschein, weil Jupiter und Saturn mit ihren Zeichen einen der archetypischen Gegensätze symbolisieren, über die ich zuvor sprach. Freiheit hat allerdings viele verschiedene Ausdrucksformen. Reisen, ein ausgefülltes individuelles Arbeitsleben oder eigene Freunde und Interessen – all das gefällt der Schütze-Venus, ohne dass es einer festen Beziehung schaden muss. Die Schütze-Venus braucht nicht unbedingt Freiheit vom Partner. Sie benötigt einen Partner, der selbst frei ist – der über das Leben lachen kann und das Abenteuer mag.

Teilnehmer: Menschen mit der Schütze-Venus führen am besten eine Beziehung auf Abstand.

Liz: Der Abstand macht sie einander geneigt? Ich bin mir dessen nicht sicher. Vielleicht ist das Ihre Erfahrung; ich denke aber, dass Sie den Schützen verkennen. Dieses Zeichen hat nichts gegen Leidenschaft und ist fraglos zu einer lebenslänglichen Bindung imstande. Sehr viel aber hängt davon ab, wie die Gefühle offenbart werden. Es ist das inspirierende Potenzial der Liebe, das den Schützen anspornt. Saturns Routine ist für ihn ein Fluch, weil er den Geist zermalmt; und eine Beziehung, die statisch ist oder die Bindung als selbstverständlich hinnimmt, wird fraglos den durchdringenden Wutschrei Jupiters zu hören bekommen: »Soll das alles gewesen sein?« Wenn der Schütze einen Reisegefährten hat, der seine Lebenslust teilt und der offen ist für neue Möglichkeiten, werden Nähe und intensive Emotionen und wahrscheinlich auch eine langfristige Bindung willkommen sein. Der Partner aber, für den es nichts Größeres als den samstäglichen Gang ins Einkaufszentrum gibt, ist nichts für den Schützen. Der Schütze-Venus schaudert es bei der Aussicht, dass die Beziehung sonst nichts zu bieten hat. Genauso abstoßend ist Sex zweimal die Woche zur gleichen Zeit nach dem gleichen Fernsehprogramm in der gleichen Stellung. Ich denke nicht, dass hier die Bindung das Problem ist, sondern Langeweile.

Catherine, danke, dass Sie so offen waren und uns für die Arbeit die Horoskope zur Verfügung gestellt haben. Nun sind wir am Ende des Seminars angelangt. Noch irgendwelche Fragen?

Teilnehmer: Gibt es etwas, das man Ihrer Meinung nach als professioneller Astrologe im Blick haben sollte, wenn sich Klienten zum Thema Dreiecksbeziehung beraten lassen wollen?

Liz: Es gibt so viele verschiedene Arten von Dreiecksbeziehungen und so viele Gründe dafür. Meiner persönlichen Erfahrung nach findet man kaum je einen Menschen, der es darauf anlegt, betrogen zu werden. Sehr viel häufiger werden Menschen durch emotionale Kräfte getrieben, die sie nicht verstehen und unter denen sie dementsprechend leiden. Als Astrologen, denke ich, sollten wir unser persönliches moralisches Empfinden so weit wie möglich aus der Beratung heraushalten. Wir alle haben unseren persönlichen Erfahrungshintergrund, was Dreiecksverhältnisse betrifft, ob nun von der Kindheit, von der Ehe unserer Eltern oder von unseren eigenen Beziehungen aus. Diese Erfahrungen haben zu gewissen moralischen und ethischen Einstellungen geführt, die auf der persönlichen Ebene ihre Berechtigung haben mögen. Allerdings müssen sie nicht auf den Klienten anzuwenden sein.

Wenn wir einem Klienten gegenüber sitzen, der in eine Dreiecksbeziehung verwickelt ist, ist es sinnlos und vielleicht auch verletzend, sein Verhalten als »unmoralisch« zu bewerten und ihm zu raten, dieses oder jenes zu tun oder zu lassen. Wir müssen uns davor hüten, Partei ergreifen zu wollen und die Aufspaltung noch zu verschärfen, die bereits am Werk ist. Es mag Dreiecksbeziehungen geben, die gerechtfertigt sind; es gibt andere, die destruktiv wirken, wenngleich nicht unbedingt aus konventionellen moralischen Gründen. Wir können nicht wirklich wissen, warum Menschen dieses oder jenes tun, weil wir nicht in ihrer Haut stecken. Die Psyche hat ihre eigene Moral, die sich darauf bezieht, auf der Seite des Lebens zu stehen. Der eine Mensch ist womöglich sehr unmoralisch, identifiziert sich aber mit dem Leben. Jemand anderes dagegen mag hohe Moralbegriffe haben, aber sich dem Leben verschließen. Dreiecksbeziehungen lösen etwas in uns aus, besonders dann, wenn wir schon einmal eine erlebt und Verletzungen davongetragen haben. Es ist wichtig, sich der persönlichen Konsequenzen bewusst zu werden und dann zu erkennen, was das Horoskop dazu aussagt. Astrologisch ist dies eines der heikelsten Gebiete, das es gibt. Bei jeder Frage zu einer Beziehung durch den Klienten oder die Klientin treten unsere eigenen Konflikte und unsere eigene Vergangenheit zutage. Wir haben nichts als unsere Erfahrung, auf die wir uns beziehen können. Wir müssen sie bewerten und benutzen. Wir können aber nicht davon ausgehen, dass unsere persönliche moralische Prägung nützlich ist für denjenigen, den wir beraten. Danke, dass Sie gekommen sind.

# Bibliografie


Greene, Liz: *Neptun.* Die Sehnsucht nach Erlösung. Zollikon, 1996.

Hand, Robert: *Planeten im Composit.* München, 1991.

Hillman, James: *Loose Ends.* Zürich, 1975.

Hillman, James: *The Soul's Code.* London, 1997.

Neumann, Erich: *Die große Mutter.* Freiburg im Breisgau, 1997.

Reinhart, Melanie: I*ncarnation: The Four Angles and the Moon's Nodes.* London 1997, CPA Press.

Reinhart, Melanie: *Die Mondknoten. Das innere Gleichgewicht im Horoskop.* Mössingen, 1999.

Sasportas, Howard: *Direction und Destiny in the Birth Chart.* London, 1998.

White, Patrick: *Voss.* London 1994, Vintage.

# Anmerkungen

1 Für eine astrologische Analyse der höfischen Liebe siehe: Liz Greene: *Neptun – Die Sehnsucht nach Erlösung.* Zollikon, Astrodienst, 1996.
2 Im englischen Original spricht Liz Greene von der »AFOG«– »Another F…g Opportunity for Growth«. »Der wundervolle Satz« wurde ihr zur Kenntnis gebracht von Anne Whitaker.
3 James Hillman: *The Soul's Code.* London 1997, Bantam Books.
4 Für eine detaillierte Untersuchung der uranischen Themen in Beziehungen siehe: Liz Greene: *Uranus im Horoskop* Mössingen, Chiron Verlag, 1999.
5 James Hillman: *Loose Ends.* Zürich, Spring Publications, 1975.
6 Patrick White: *Voss.* London, Vintage, 1994.
7 Für eine Diskussion und möglicherweise neue Ansätze zur Polarität von Mutter-Archetypus und Hetäre siehe Erich Neumann: *Die große Mutter.* Freiburg im Breisgau 1997, Walter.

# Über die Autorin

© Astrologie Heute

Liz Greene (1947) ist promovierte Psychologin und Jungsche Analytikerin. Sie arbeitet seit vielen Jahren als Astrologin und gibt Seminare in ganz Europa.
Beim Astrodienst Zürich wirkte sie an der Entwicklung von vier Textanalysen mit. In London gründete sie mit Howard Sasportas zusammen das »Center for Psychological Astrology«, das sie leitet. Neben zahlreichen Fachartikeln hat 25 Bücher geschrieben, die in viele Sprachen übersetzt wurden.
Im Chiron Verlag sind von ihr erschienen: *Abwehr und Abgrenzung* (1998), *Uranus im Horoskop* (1999) sowie *Prognose und Psychologische Dynamik* (2000).

LIZ GREENE

## Abwehr und Abgrenzung

*als positive Dimension des Lebens und die Entsprechungen im Horoskop*
*314 Seiten, 4. s/w Abb., 2. Auflage, Broschur,*
*ISBN 3-925100-33-4*

»Wahrlich, es gibt wohl keine zweite Astrologin, die derart tiefenpsychologisch zu Werke geht wie Liz Greene. Das macht sie auch in ihrem neuen Opus. Da beschreibt sie die Abwehrmechanismen, die wir alle oft bis zur Perfektion intus haben.«

*merCur – Trends aus Astrologie, Psychologie und Gesundheit*

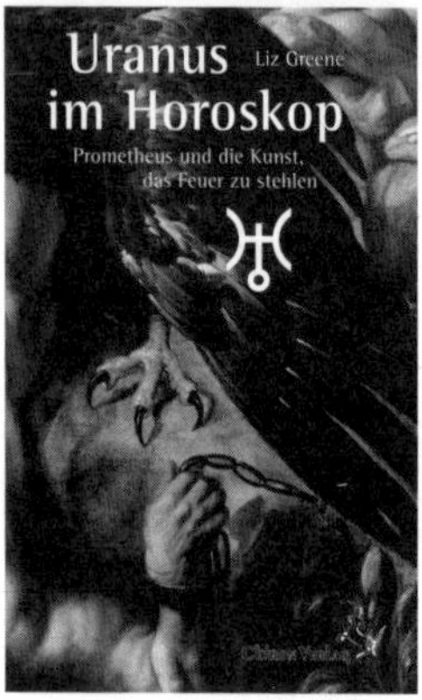


LIZ GREENE

## Uranus im Horoskop

*Prometheus und die Kunst das Feuer zu stehlen*
*304 Seiten, 10 s/w Abb., Broschur,*
*ISBN 3-925100-44-X*

»Was ich an Liz Greene so schätze – und was auch in diesem Buch zum Ausdruck kommt – ist, dass sie die Gabe besitzt, uns zu ermutigen, ohne etwas zu beschönigen. Sie sieht den Tatsachen ins Auge, indem sie die positiven, aber auch die negativen Seiten von Uranus anspricht."

*Astrologie Heute*

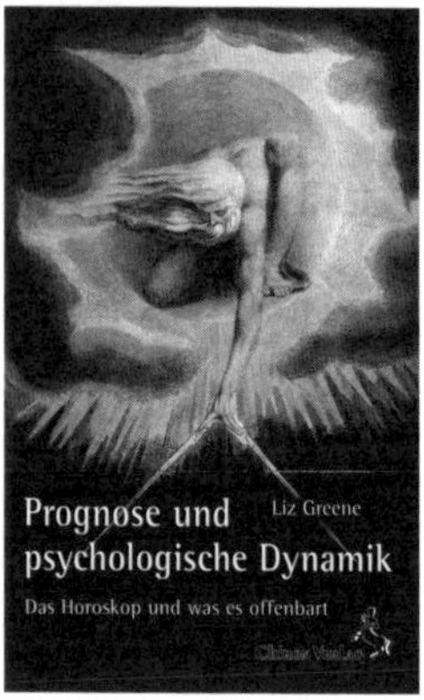


LIZ GREENE

## Prognose und psychologische Dynamik

*Das Horoskop und was es offenbart*
*280 Seiten, 14 s/w Abb., Broschur,*
*ISBN 3-925100-54-6*

»Abgesehen von dem fundierten psychoanalytischen und astrologischen Wissen, das auch dieses Standardwerk der modernen Astrologie auszeichnet, gefällt mir vor allem die Verknüpfung von psychologischer Astrologie und Prognose. Mit dieser Verbindung gewinnt die Prognose ein sichereres Fundament und lässt sich in der praktischen Beratung wesentlich ganzheitlicher einsetzen.«

*Meridian – Fachzeitschrift für Astrologie*